역사를 따라 걷다 2

역사를 따라 걷다 2

초판 1쇄 인쇄 2015년 11월 30일
초판 1쇄 발행 2015년 12월 10일

저   자 | 김주용
발행인 | 윤관백
발행처 | **선인**

영   업 | 이주하

등   록 | 제5-77호(1998.11.4)
주   소 | 서울시 마포구 마포동 324-1 곳마루 B/D 1층
전   화 | 02) 718-6252/6257
팩   스 | 02) 718-6253
E-mail | sunin72@chol.com

정가 15,000원
ISBN 978-89-5933-940-2 04900
         978-89-5933-598-5 (세트)

역사를 따라 걷다 2

김주용 지음

 도서출판 선인

길을 떠나기 전에

　오늘도 인천공항은 저마다의 이야기를 담은 여행 가방을 든 이들로 분주하다. 그 속에는 백두산 천지를 보기 위해 이른 아침부터 형형색색의 등산 가방을 메고 나선 단체 관광객들도 있다. 물론 이들의 목적지는 백두산 천지 한 곳만이 아니다. 보통 관광객들은 대련으로 들어가서 연길이나 하얼빈으로 나오는데, 2014년 이후 대련-하얼빈 코스를 찾는 이들이 많아졌다. 2014년 1월 하얼빈역에 안중근의사기념관이 세워졌기 때문이다. 그러나 일반적으로 관광객들의 코스는 하얼빈보다 길림성과 요녕성에 집중되어 있다.

　『역사를 따라 걷다』 2권은 '백두산 천지'와 '연변 지역'을 큰 축으로 삼고, 길림성과 요녕성 일대 우리 역사를 따라 걷는다. 앞서 출간한 1권의 경우 한국인들에게 낯선 '내몽고'와 '흑룡강성'이 주요 무대였던 탓에 독자들이 그 내용을 체감하는 데 일정 부분 한계가 있었다. 개인적으로 안타까운 마음이 컸는데, 2권은 그에 비하면 익숙한 지역이라 그 한계를 조금은 넘을 수 있지 않을까 조심스레 기대해 본다. 실제로 길림성의 경우 연변조선족자치주와 백두산 관광의 필수 코스에 해당하는 용정, 명동촌, 청산리 등이 있어 우리에게 그리 낯선 땅이 아니다.

답사는 여러 차례에 걸쳐 이루어졌다. 1990년대 말부터 2015년까지 10일 이상 장기간 답사만 해도 근 10차례 정도에 달한다. 길림성과 요녕성은 한국독립운동 사적지가 많이 분포돼 있어 수시로 드나드는 지역 중 하나이다.

이 책은 10일 이상 답사를 중심으로 하고 여기에 그간 수십 차례 진행된 이 지역의 단기간 답사 정보를 녹여내는 형태를 취하였다. 2권의 특징은 잘 알려진 사적지와 그렇지 않은 사적지를 함께 소개했다는 데 있다. 무관심과 시간의 먼지 속에 묻혀 있는 사적지를 찾아내는 일은 내게 가슴 벅찬 보물찾기와 같다. 나자구 신선 동굴에서 발견한 태극기, 중국 유일의 조선족자치현인 장백현에 숨어 있던 한반도와 중국의 또 다른 이야기, 해성에서 마주한 우리나라 여성 의병의 상징 윤희순의 묘……. 이 당시 새로 발굴한 사적지를 보며 느꼈던 희열이 지금도 여진처럼 남아 있다.

〈인터스텔라〉라는 영화에는 시공간을 초월해 서로 연결해주는 통로가 나온다. 과거의 시간과 공간을 살려내 현재에 전하는 일을 하는 내게 참 많은 생각을 하게 만드는 영화였다. 영화 속에 이런 말이 나온다.

"사랑은 시공간을 초월할 수 있는 유일한 것이다."

답사를 다니면 다닐수록 마음이 조급해진다. 우리의 오랜 무관심에 이국땅에서 유령처럼 사라졌거나 사라질 위기에 처하는 사적지들이 매년 늘어나고 있음을 체감하기 때문이다. 그곳에 존재했다는 것도, 그래서 언제 어떻게 사라졌는지도 모르는 우리 역사의 시공간들이 늘어

나고 있다. 나는 역사학자로서, 뜨거웠던 우리 역사를 가슴 벅차게 사
랑하는 한 사람으로서 사라져가는 그날의 시간과 공간을 현재와 연결
하는 통로를 만들고 싶다. 그리하여 적어도 내게 주어진 오늘이 우리
역사의 누군가가 그날 그 시간에 보여준 용기에서 비롯되었음을 기억
하고 살아갈 수 있기를 바란다.

　오늘도 인천공항은 저마다의 이야기를 담은 여행 가방을 든 이들로
분주하다. 그 속에는 우리 역사의 시공간을 초월하는 통로를 만들고
싶어 하는 엉뚱한 답사가도 있다.

어느 뜨거운 여름 날 인천공항에서

김주용

역사의 길을 함께 걸어 준 길벗들

◈ 김태선 기사 _ 연변조선족자치주가 낳은 모태 기사. 하루 삼천리를 운전해도 지치지 않는 진정한 에너자이저

◈ 장석흥 교수 _ 국민대학교 교수. 한국 독립운동사 연구 제2세대의 아이콘

◈ 김태국 교수 _ 연변대학교 교수. 만주지역 친일단체 연구를 체계화 시킨 최초의 연구자

◈ 김춘선 교수 _ 연변대학교 교수. 중국 조선족 역사 자료를 집대성 한 걸출한 역사학자

◈ 이홍석 교수 _ 연변대학교 교수. 역사학과 중의학을 섭렵한 섭생의 달인

◈ 김광희 교수 _ 연변대학교 교수. 한국 현대사를 전공한 연변대학교 의 주선(酒仙)

◈ **허영길 주임** _ 연변조선족자치주 박물관 주임. 항일 사적지 답사에
천부적 체질을 타고난 답사꾼

◈ **전정혁 관장** _ 남만주항일투쟁사 자료전시관 관장. 양세봉과 항일
독립운동 음악에 젊음을 바친 꽃할배

◈ **오대록 연구원** _ 독립기념관 연구원. 독립기념관의 젊은 연구자들
을 리드하는 페르시아 왕자

◈ **최경민 학예실장** _ 독립기념관 학예실장. 독립기념관의 자료와 전
시를 총괄하는 큐레이터계의 작은 거인

차 례

01 독립운동의 보물창고, 용정

길 위에서
만난
이야기
둘

▼ 연변 지도

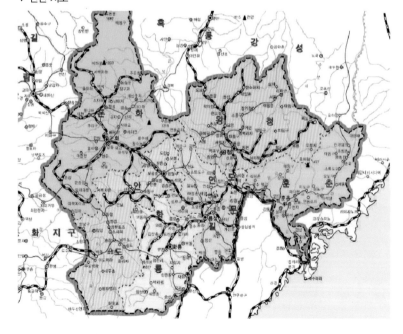

"'연변'과 '연길'은 같은 지역인가요?"

잊을 만하면 들려오는 질문이다. 그만큼 많은 이들이 헷갈려 한다는 뜻이리라. 이 책의 독자들을 위해 기꺼이 이 질문에 다시 한 번 답을 하면, 연변은 연변조선족자치주를 말하고 연길(延吉, 옌지)은 시 이름을 뜻한다. 연변은 연길·도문(圖們, 투먼)·돈화(敦化, 둔화)·화룡(和龍, 허룽)·용정(龍井, 룽징)·혼춘(琿春, 훈춘)의 6개 시와 왕청(汪淸, 왕칭)·안도(安圖, 안투) 2개 현으로 이루어져 있다.

연길 조양천 국제공항[*]에 내린 관광객들의 행동 패턴은 대부분 비슷하다. 일단 연길 시내 숙소에 간단히 여장을 풀고 곧장 용정으로 향한다. 필자와 답사단은 오전 11시경 조양천 국제공항에서 연변대 친구들과 해후하였다. 사적지 답사에서 시간은 자비 없는 빚쟁이 같다. 우리는 쌓인 이야기보따리를 풀지도 못한 채 쫓기듯 루이펑(승합차)에 올라탔다. 우리 답사단의 첫 번째 목적지는 한국독립운동의 보물창고 용정. 연변 사적지 관광의 제1코스의 제1보를 힘차게 내딛는 순간이었다.

이야기 하나. 조선족을 닮은 '사과배'를 아시나요?

톨게이트에 10위안의 요금을 지불하면 아시아에서 가장 큰 '사과배(핑궈리, 苹果梨)' 과수원을 덤으로 볼 수 있다. 중국 연길과 용정 간 도로 주변에는 사과배 과수원이 끝없이 펼쳐져 있다.

[*] 연길 조양천 국제공항의 숨겨진 이야기가 궁금한 독자들은 1권 138~139쪽을 펼쳐 보시길 바랍니다.

▲ 사과배 밭

'사과배'는 우리에게는 조금 생소한 과일인데, 이름을 있는 그대로 받아들이면 이해하기가 쉽다. 겉모양은 사과지만 그 속과 맛은 배인 과일이다. 최근 충북 제천에서 사과배 시험 재배에 성공했다는 소식이 들리기도 하지만, 그 맛이 연변의 것을 뛰어넘을 수 있을지는 의문이다. 연변은 아시아 최대 사과배 생산지로 그 명성을 이어가기 위해 다방면으로 노력을 기울이고 있다. 각계 전문가들이 모여 "어떻게 하면 사과배를 고경제 효과를 낳는 '금과일'로 만들 수 있을까?" 하는 문제를 놓고 연구를 하는가 하면, 매년 '연변의 봄'이라는 사과배꽃축제도 열고 있다.

그런데 이 사과배에는 조선족의 고난과 극복의 역사가 투영돼 있다. 조선족 작가 리혜선이 쓴 『사과배 아이들』(웅진주니어, 2006)은 그 아픈 역사를 엿볼 수 있게 해주는 책이다. 이 창작 소설은 사과배를 만들어낸 조선족 최창호의 이야기를 바탕으로 하고 있다. 알려진 바에 따르면, 사과배는 일제강점기 일본의 탄압을 피해 용정으로 이주한 최창호가 자기 밭의 돌배나무에 함경남도 북청에서 가져온 동생의 배나무 가지를 접붙여 만든 것이라고 한다. 돌배에 비할 바 없이 맛이 좋다는 뜻에서 '참배'라 부르다가 그 모습이 사과와 흡사하다 하여 점차 '사과배'로 불려졌다고 한다.

이런 역사 때문일까? 사과배는 특히 오늘날 조선족의 이중성을 이야기할 때 자주 언급되곤 한다. 조성일은 그의 책『중국조선족문학사』에서 조선족의 이중성을 다음과 같이 정리했다.

조선족은 중국 국적을 가진 조선 민족이다. 바꿔 말하면 조선족은 중국 공민이며, 중화 민족의 구성원이며, 조선 반도의 국민과 동일선상에 있는 조선 민족이다. 따라서 조선족은 이중성을 갖는다.

▼ 사과배 꽃 축제

요즘 아이들의 말로 하면 '우리 민족인 듯, 우리 민족이 아닌 민족'이 바로 조선족인 것이다. 중국에 살고 있지만 따로 모국이 존재하기에 중국인들의 시선에도 이방인, 모국에서 역시 한국말을 잘하는 이방인으로 취급받는 사람들이 바로 오늘날 조선족의 현실인 것이다. 물론 가장 중요한 것은 한국, 중국, 나아가 제3국에서 인식하는 조선족의 위치가 아니라 조선족 본인들이 인식하는 자신들의 정체성일 것이다. 많은 중국 조선족 동포들이 사과배에 큰 자부심을 가지고 있다고 한다. 척박하기 그지없는 황무지와 같은 삶에서 그들이 이루어낸 그들만의 열매이기 때문이 아닐까.

우리는 잘 알지 못하지만 오늘날 사과배는 해외 수출은 물론 중국인 민대회당의 국가연회석에도 오를 만큼 귀한 과일이 되었다. 이제는 사과배를 볼 때 서로 다른 두 가지 성질에 초점을 맞출 것이 아니라, 그 열매에 담긴 고난의 역사를 생각해 볼 수 있는 우리가 되어야 하지 않을까? 차창 밖으로 끝없이 펼쳐지는 사과배 나무 사이로 이름 모를 수많은 조선족의 얼굴이 스치는 듯하다.

이야기 둘. 서전서숙의
마지막 증인

고속도로를 사이에 두고 한쪽에는 사과배 과수원이, 그 맞은편에는 큰 평야가 길게 이어진다. 이 평야의 이름은 '서전평야'로 우리의 첫 번째 목적지와 관련이 깊은 곳이다. 일행을 태운 루이펑은 이 평야를 뒤로하고 용정시 실험소학교 앞에 멈춰 섰다. 이 학교 운동장 한 구석에는 이곳의 옛이야기가 시간의 바람에 사라지지 않게 힘겹게 버티고 서있는 오래된 기념비가 하나 있다. '서전서숙(瑞甸書塾) 옛터.' 이곳의 옛이야기는 이렇게 시작된다.

▲ 서전서숙 기념비

서전서숙 옛 모습

1905년 을사늑약이 체결된 이후 수많은 독립운동가들이 뜨거운 가슴을 안고 만주로 망명하였다.

헤이그특사의 정사(正使)로 알려진 이상설(李相卨)도 그중 한 명이었다. 그는 1906년 연해주를 거쳐 용정촌으로 향한다. 그리고 그곳에서 이동녕(李東寧), 여준(呂準), 정순만(鄭淳萬), 김우용(金禹鏞), 황달영(黃達永) 등과 작은 학교 하나를 설립한다. 바로 '서전서숙'이다. 여기서 '서숙'은 글방을 뜻하고, '서전'은 조금 전 우리가 지나온 서전 평야에서 따온 것이다.

▲ 이상설

그런데 이상설은 왜 여러 지역들 중 하필이면 용정에 학교를 설립한 것일까? 그것은 당시 용정에 한인사회가 광범위하게 퍼져 있었던 데 기인한다. 학교 설립의 목적이 교육을 통한 독립 사상 고취에 있었기 때문이다. 이상설은 개인 재산으로 중국 길림성 연길현 용정촌의 천주교도 최병익(崔秉翼)의 집을 매입해 학교를 설립하고 서전서숙이라 이름 지었다. 초대 숙장은 이상설이, 운영은 이동녕·정순만 등이, 교사는 이상설·김우용·황달영 등이 맡았다.

서전서숙은 겉으로는 근대 학문을 가르쳤지만 실상은 반일민족교육을 교수하였다. 이름만 '서숙'이었지 사실상 독립군 양성소나 다름없었다. 그러나 안타깝게도 이러한 이중생활은 그리 오래 이어지지 못하였다. 이를 눈치 챈 일제의 감시망이 서서히 드리우기 시작했기 때문이다. 1907년 4월 초대 숙장 이상설이 이동녕·정순만과 함께 헤이그 만국평화회의에 파견되었다. 그로부터 4개월 후 일제는 용정에 통감부 임시 간도파출소를 설치한다. 서전서숙의 현황을 면밀히 검토하고 직원들의 항일 성향을 수시로 상부에 보

고하려는 목적이었다. 일본
은 러시아 관헌에 헤이그특
사로 떠난 이상설의 신병을
인도해 줄 것을 요구했고,
이로 인해 그는 용정으로 다
시 돌아올 수 없게 되었다.

초대 숙장의 부재와 일본
의 계속된 탄압으로 서전서

▲ 간도보통학교 개교식

숙의 재정난은 점점 악화되어 갔다. 간교한 일본은 이 틈을 놓치지 않
고 서전서숙의 명의를 이용해 친일 교육을 할 목적으로 매월 20원의
보조금을 주겠다는 회유책을 제시하였다. 이상설에 이어 2대 숙장을
맡은 여준을 비롯한 운영진은 일본의 요구에 응하느니 차라리 교사를
매각하기로 결정하였다. 1907년 8월의 마지막 졸업식을 끝으로 서전
서숙의 아름답고도 슬픈 이야기는 끝이 난다. 이후 간도파출소는 서전
서숙 교사를 매입하여 간도보통학교로 명칭을 변경해 개교하였다. 우
리가 지금 서있는 용정시 실험소학교 자리가 바로 그곳이다.

서전서숙의 설립 의의
는 교육적 측면에서 보
면 전통적 서당 교육을
지양하고 근대적 교육체
제를 도입했다는 데 있

현재 용정시 실험소학교 ▶

다. 그러나 그 진정한 의의는 나라를 잃은 우리 2세대들에게 반일민족 교육을 통해 결코 잃어버려서는 안 되는 민족의식을 심어줬다는 데 있다. 서전서숙은 비록 그 이름은 사라졌지만 정신만은 올곧이 살아남아 이후 세워진 수많은 민족교육기관의 모태 역할을 했다. 1908년 명동촌에 명동서숙이 개숙된 것도, 명동서숙이 명동학교로 발전하고 북간도 3·13운동의 중추기관으로 자리 잡을 수 있었던 것도 서전서숙이 있었기에 가능한 일이었다.

1906년 개교, 그리고 1년 만인 1907년 폐교. 불꽃처럼 뜨겁게 타올랐다. 일제에 의해 사라져야 했던 비운의 역사를 간직한 학교. 서전서숙이 그토록 지키고자 했던 민족정신이 사라져가는 오늘, 타국의 운동장 한 켠에서 힘겹게 버티고 서있는 작은 기념비를 바라본다. 일제의 탄압에 학교가 사라지는 것을 막기 위해 힘겹게 버티었을 그때의 수많은 선생님과 학생들의 모습 같아서 더 짠했다. 서전서숙 기념비에 대한 아쉬움을 마음의 짐으로 안은 채 용정 중학 역사전시관, 이른바 '윤동주기념관'으로 무거운 발걸음을 옮겼다.

Tip

2014년부터 관광객들의 용정 실험소학교 출입이 금지되었다는 안타까운 소식이 들려왔다. 용정중학교는 복원된 대성중학교를 따로 분리해 기념관으로 사용하고 있다. 하지만 용정 실험소학교에 남은 서전서숙의 흔적은 운동장 한 켠에 덩그러니 서있는 기념비가 전부다. 상대적으로 볼 것이 적다 보니 이곳을 찾는 이들이 그리 많지 않다. 학교 측에서 소수의 관광객을 관리하는 것을 버거운 일로 여겼기 때문이 아닐까 조심스레 추측해 볼 뿐이다. 우리의 무관심이 또 하나의 우리 역사를 서서히 지우고 있는 것 같아 안타까운 마음이 크다.

용정시내
사적지

용정의 조선족학교와
작은 우물

　　　　　　용정중학교는 해방 후 윤동주의 모교로 알려진 옛 은진중학교를 비롯한 용정 시내 6개 학교를 통합해 세운 조선족학교다. 그래서인지 용정중학교 입구에는 윤동주 시비가 위용을 뽐내며 서 있다. 이 6개의 학교들은 윤동주를 비롯해 문익환 목사, 송몽규 선생 등 기라성 같은 애국지사들을 배출하였다. 그럼에도 윤동주 시인에 대한 대중적 관심 탓인지 유독 윤동주에만 초점이 맞춰진 경향이 짙다. 일례로 이곳의 정식 명칭은 '용정 중학 역사전시관'이나 한국에서는 '윤동주기념관'으로 더 널리 통한다.

윤동주 시비 ▶

▲ 용정중학교 내 복원된 대성중학교

　오늘날 용정중학교는 복원된 대성중학교를 따로 분리해 '용정 중학 역사전시관'으로 사용하고 있다. 그래서 전시관 입구에는 옛 대성중학교 현판이 그대로 남아 있다. 여기서 주목해야 할 것은 그 현판을 쓴 사람이 연길도윤 도빈(延吉道尹 陶彬, 타오빈)이라는 점이다. 중국 도지사가 한국 학교 현판의 글씨를 직접 썼다는 것은 당시 중국 지방정부가 한국 독립운동을 적극적으로 지지했음을 보여주는 살아있는 증거라 할 수 있다.

　의미 있는 현판을 지나 2층으로 올라가면 전시관이 나온다. 내부는 크게 '용정의 기원', '민족교육운동', '봉오동 · 청산리 전투', '항일유격대 활동', '저항시인 윤동주', '그 외 용정의 인물과 연변조선족자치주 성립 배경'으로 구성돼 있다. 제법 잘 정리된 느낌이다. 용정에서 전개된 항일운동을 소개하는 전시물에는 다음과 같은 설명이 적혀 있다.

> 항일운동기지를 건설하기 위하여 연변으로 망명한 항일운동가들은 민족학교를 설립하여 투철한 민족해방투쟁정신을 갖춘 항일애국지사들을 양성하였다. 이를 토대로 1919년 3·13반일시위운동 이후 본격적인 항일무장투쟁을 전개하였다. 1920년의 15만 원 탈취 의거, 봉오동·청산리 대첩 등은 바로 이와 같은 민족교육을 통해 항일의식을 키워온 조선족 이주민들의 적극적인 참여 때문에 가능할 수 있었다.

'용정(중국 지명 육도구)'이란 지명은 조선인과 깊은 관련이 있다. 19세기 말 이곳에 정착한 조선인들은 황무지를 일구며 힘겹게 삶을 이어갔다. 그러던 어느 날 작은 우물 하나를 발견하게 된다. 두레박 받침대를 만들어 물을 길어 올려 쓰게 되면서 메말랐던 그들의 삶은 한결 나아지게 되었다. 사람들은 이 우물을 '용두레 우물'로 부르기 시작했고, 그에 따라 자연스럽게 이 땅이 '용정촌'으로 불리게 된 것이다. 용정시내 한복판에는 그 증거가 지금도 남아있다. 용정시내 거룡우호공원에 가면 용두레 우물을 볼 수 있다. 용정시 관광청은 지명기원지우물을 기념하기 위해 우물을 보수하고 주변에 소나무와 버드나무를 심어 공원을 조성하였다.

이름 없던 이 땅에 '용정촌'이란 이름이 생기고, 현 용정중학교의 모태가 된 6개의 조선족 학교가 세워지기까지 얼마나 많은 시련이 있었을지 감히 상상조차 할 수가 없다. 용두레 우물에는 우리 한인 동포들의

피땀이 고여 있다. 용정중학 전시관에 적힌 글귀처럼 "1920년의 15만
원 탈취 의거, 봉오동·청산리 대첩 등은 바로 이와 같은 민족교육을

▼ 용두레 우물

▲ 1910년대 용정시내 전경

통해 항일의식을 키워온 조선민족 이주민들"이 있었기에 가능한 일이었음을 잊지 말아야 할 것이다.

일본 간도총영사관

용정이 '한국독립운동의 보물창고'였다는 말은 곧 일본 제국주의의 감시망이 그만큼 촘촘한 곳이었다는 말과 통한다. 보물창고의 어두운 이면은 이러하다. 일제는 1907년 8월 22일 대륙 침략의 교두보로 용정에 간도파출소를 설치했다. 한인 및 일본인을 보호한다는 명목이었다. 그러나 그 이면에 숨겨진 진짜 목적은 만주 침략에 대비한 현지 조사와 간도 내 중국 관헌의 동향 및 정세 관찰이었다. 19세기 말부터 청나라와 조선 간의 간도를 둘러싼 국경 문제는 일본에게도 초미의 관심사였다. 일본은 10여 년간 지속돼 온 간도 관할 문제에 대한 발언권을 강화하고, 나아가 간도에서 독점적 지위를 확보하기 위한 준비 작업에 들어간 것이다.

준행정기구의 틀을 갖춘 간도파출소는 '한인 보호'라는 명목하에 간도의 영유권 문제에 깊숙이 관여하였다. 이는 간도파출소장 사이토(齋藤)가 "간도가 한·청 어느 나라의 영토에 속하는지에 관해 오랫동안 한국의 행정 지도 및 외교권을 가진 우리가 이 문제의 해결에 착수하고, 한국 신민 보호를 목적으로 재한국통감은 본직을 수반(首班)에 임명하여 여러 직원을 대동하고 이 지역에 주둔하였다."라고 주장한 사실에서 엿볼 수 있다. 대한제국의 외교권, 다시 말해 국권이 상실된 상태에서 일제는 본격적으로 국제적 사안인 국경 문제에도 관여한 셈이다. 하지만 한인 보호는 구실이고, 그 주된 임무는 현지답사를 통한 효율적인 대륙 침략 방안을 강구하는데 있었음을 잊지 말자. 이후 1909년 11월 1일

▲ 일본 간도총영사관

간도파출소가 폐지되고 바로 다음 날인 11월 2일 그 자리에 간도총영
사관이 설치되었다. 이 또한 간도협약을 매듭짓기 위한 조처였다.

　간도총영사관으로 향하는 발걸음이 무거운 까닭은 이곳이 수많은 독
립운동가를 탄압한 상징물이자 간도 침략의 대명사라는 사실 때문이리
라. 오늘날 간도총영사관은 용정시 정부청사로 사용되고 있다. 그런데
현재 건물은 1926년에 새로 세워진 것이다. 1922년에 본래 건물이 불
타 없어졌기 때문이다. 일제는 이 화제의 주범을 독립운동 세력이라고
잠정 결론 내렸다. 일본의 거의 모든 영사관이 그러했듯 일제는 이곳에
도 지하 감옥을 설치했다. 그리고 수많은 우리 독립운동가를 감금했다.

▲ 조선은행 용정지점(1930년대)

▲ 조선은행 용정지점 현재 모습

그러나 아이러니하게도 예전의 지하 감옥은 '간도일본총영사관 죄증전시관'으로 자리하고 있다. 일제가 그들의 몸은 가둘 수 있었을지 모르나, 그 항일 정신만은 끝내 가둘 수 없었다는 것을 증명해 주는 장소다.

본관 건물에서 나와 우측으로 약 100여 미터 가면 옛 조선은행 용정지점 건물이 나오는데, 지금은 '용정저축금고'로 사용되고 있다. 본관 건물 주변에 옛 일본 구락부와 경비 숙소 등이 잘라내도 잘 떨어지지 않는 담쟁이덩굴처럼 퍼져 있다.

오늘날로 치면 행정기구 역할을 하는 영사관을 중심으로 침략기관들이 종류별로 촘촘하게 들어차 있었던 셈이다. 주변에 보이는 건물들을 그 옛날의 모습으로 바꾸어 상상해 보니 숨이 턱 막힐 지경이다.

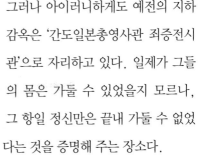

Tip

1. 용정 시내를 벗어나 명동촌으로 가는 길 양 옆에는 토닭(토종닭)집이 즐비하게 늘어서 있다. 김태국 교수가 저 가운데 공안차가 서있는 곳이 가장 맛있는 집(고향집)이라고 귀띔해 주었다. 우리나라에서도 택시가 많이 서 있는 곳이 맛집으로 통한다. 중국은 공안차가 있는 곳이 맛집을 상징한다고 하니 역시 사람 사는 곳은 매한가지인 모양이다.

2. 용정시에서는 용정시정부를 다른 곳으로 이전하였으며, 2015년 11월 3일, 간도총영사관 건물은 '간도일본총영사관 전시관(일본 대륙 침략기념관)'으로 탈바꿈했다.

동쪽을
밝혀라,
명동촌

15만 원 의거 기념비

　　용정시내에서 명동촌 방향으로 15분 정도 가다보면
오른편 갈래길 둔덕에 '15만 원 의거 기념비'가 눈에 들어온다. 1920
년 1월 최봉설(崔鳳卨), 임국정(林

▼ 15만 원 의거 기념비

國禎), 윤준희(尹俊熙) 등 철혈광복
단원 6명은 거사를 단행한다. 그들
은 회령에서 조선은행 용정지점으
로 일본의 만주침략 경비를 싣고 가
던 현금 수송 차량을 급습해 15만
원을 확보하는 데 성공했다. '15만
원 의거 기념비'의 이름은 여기서
유래한 것이다. 당시 돈 15만 원은

광복군 5,000명에게 소총을 지급할 수 있는 금액이었다.

그러나 막대한 자금을 얻은 대가는 실로 가혹했다. 의거에 가담한 6명 중 최봉설을 제외한 나머지 5명이 형장의 이슬로 사라졌기 때문이다. 일각에서는 광신진(光新鎭) 하승지촌(下勝地村)에 위치한 이 기념비의 비정이 조금 잘못되었다는 주장이 제기되기도 했다. 하지만 만족할 만한 합의가 도출되지 않아 아직까지 그 모습 그대로다.

15만 원 의거 기념비 우측 30m 지점에 외로이 자리를 지키고 있는 비석이 하나 더 있다. 1930년 5월 30일에 일어난 간도 5·30사건을 기념한 비석이다. 바로 앞에 제법 큰 냇물이 흐르고 있어 접근성이 제로에 가깝다. 저 비석은 과연 누구를 위해 저 자리를 외로이 지키고

▲ 간도 5·30사건 기념비

있는 것일까. 일행은 무심히 흐르는 냇물을 바라보며 명동촌으로 무거운 발걸음을 옮겼다.

얼마쯤 갔을까? 멀리 선바위가 보였다. 도착지가 가까워졌음을 감지한 발걸음이 어느새 가벼워진다.

"아, 이제 명동촌에 다 왔구나."

'선바위'는 산이나 들 또는 물 가운데 우뚝 서있는 커다란 바위를 뜻하는 말로 많은 이들이 이를 지표 삼아 도착지까지의 거리를 가늠하곤

▲ 선바위

했다. 서울 지하철 4호선 선바위역의 역명도 인근 하천에 큰 바위가 우람하게 서있다는 '선암'이라는 지명을 순우리말로 풀이한 것에서 유래된 것이다. 이 선바위는 명동촌으로 가는 이정표 역할을 한다. 선바위를 지나면 왼편에 장재촌(長財村)이 나오고, 조금 더 가면 명동촌을 알리는 마을 간판이 보인다. 서울의 명동(明洞)이 아닌, 만주 북간도의 명동촌(明東村)이 바로 코앞에 있다.

명동교회

명동촌 마을 입구 표지석에서 30도 정도의 경사면을 끼고 왼쪽으로 내려가면 북간도 한인 사회의 구심점 역할을 했던 명동교회를 만나게 된다. 1912년 일명 '북간도 대통령'이라 불리는 규암(圭巖) 김약연(金躍淵)이 항일운동의 근거지로 설립한 명동교회는 해

▼ 옛 명동교회

◀ 현재 명동교회

방 후 정미소 건물로 사용되다
가 이후 폐허로 방치되었다.
그러다 1990년대 들어 '명동역
사전람관'으로 새롭게 정비 · 복
원되어 국내외 관람객들을 맞이하고 있다.

그런데 '새롭게 정비 · 복원된 전시장'이라는 말에 부푼 기대를 안고
들어갔다가는 잔뜩 실망만 하고 나오게 될 것이다. '전시관'이라는 명칭
보다는 '상점'이 더 어울릴 것 같은 분위기이기 때문이다. 물건을 여기
저기 늘어놓은 초라한 상점. 명동교회의 상징성이 훼손되어 버린 것 같
아 안타까운 마음에 화가 날 정도다.

명동역사전람관 옆에는 김약연 목사 기념비
가 서있다. 문화혁명 때 수난당한 것을 다시 모
신 것인데, 안타깝게도 온전한 모습은 아니다.
기념비의 재질은 한백옥이며 장방형 4면으로
되어 있다. 정면에는 '□躍淵牧師紀念碑(□
약연목사기념비)'가 새겨져 있는데
'김(金)'자가 탈락돼 있고, 뒷면에는 ▲ 김약연

그의 성품을 엿볼 수 있는 글이 다음과 같이 쓰여 있다.

□會□選爲會長仍然闡明基督救□之眞諦以故間島教
會隨處蜂
　회장으로 선임되어 기독교 구원의 진리를 천명하
니 이로써 간도 교회가 도처에서 설립되다.

▲ 김약연 기념비

김약연 선생이 지금의 명동교회를 보았다면 어떤 기분일까를 잠시 생각해 보다가 고개를 들지 못한 채 죄인처럼 그 자리를 빠져나왔다.

윤동주 생가와 묘소

명동교회와 지척인 윤동주 생가는 연길을 찾는 이라면 거의 예외 없이 방문하는 곳이다. 이는 윤동주가 그만큼 우리에게 친숙하면서 또 항일운동 역사에서 빼놓을 수 없는 인물이기 때문일 것이다. 명동교회를 따라 20m쯤 내려가면 소담한 기와집이 나온다. 윤동주 생가다. 윤동주 생가를 복원하기 위해 주변

▲ 2012년 9월 3일 단장된 윤동주 생가

마을에서 멀쩡한 기와집 두 채를 뜯어서 만든 것이라고 김춘선 교수가 귀뜸해 주었다.

윤동주 생가 안에 위치한 옛터 비에는 다음과 같이 쓰여 있다.

윤동주 생가 옛터 비 ▶

시인 윤동주 생가는 1900년경에 그의 조부 윤하현 선생이 지은 집으로서 기와를 얹은 10간과 곳간이 달린 조선족 전통 구조로 된 집이었다. 윤동주는 1917년 12월 30일 이 집에서 태어났다. 1932년 4월 윤동주가 은진중학교로 진학하게 되자 그의 조부는 솔가하여 룡정으로 이사하고 이 집은 매도되여 다른 사람이 살다가 1981년 허물어졌다. 1993년 4월 명동촌은 그 역사적 의의와 유래를 고려하여 용정시 정부에서 관광점으로 지정하였다. 이에 지신향정부와 용정시 문련은 연변대학 조선연구중심의 주선으로 사단법인 해외한민족연구소의 지원을 받고 국내외 여러 인사들의 정성에 힘입어 1994년 8월 사적 유물로서 윤동주 생가를 복원하였다.

윤동주 생가는 복원 직후에는 용정시에서 직접 관리했다. 하지만 이후 관리비 등 경제적인 문제로 관리권을 한국인에게 양도했다. 유적지는 관리, 보존, 활용의 삼합이 제대로 어우러지지 않으면 본연의 빛을 잃고 만다. 윤동주가 남긴 발자취를 보기 위해 찾는 걸음들을 헛걸음으로 만들지 않기 위해서는 관리권을 가진 한국인의 책임감 있는 자세와 한국 정부의 끊임없는 관심이 필요하다.

생가 옆 건물의 조그마한 칠판에 쓰인 장난스러운 낙서가 방문객들의 눈길을 끈다.

▲ 윤동주 생가 칠판

청소 당번: 문익환
떠드는 학생: 윤동주
구구단 못 외우는 학생: 김옥분
지각생: 송몽규

이곳에서 앞으로 자신들이 짊어 ▲ 송몽규(앞)와 윤동주(뒤)
지게 될 거대한 운명을 모른 채 천진난만하게 뛰놀았을 이들을 생각하
니 마음 한 켠이 짠하다.

윤동주 생가를 떠나 곧장 합성리 공동묘지로
향했다. 이곳에 함께 묻혀 있는 윤동주와 송몽
규(宋夢圭)를 만나기 위해서다. 이 둘은 어떤
연유로 같은 곳에 묻히게 되었을까?

송몽규는 윤동주보다 석 달 먼저 태어난 고
종사촌 형이다. 동갑내기였던 두 사람은 함께
학교를 다니며 문학을 배웠고, 민족의식을 가
지고 독립운동을 구상했다. 그리고 훗날 함께
일본 형무소에 수감되었다가 한 달 사이로 옥
사했다. 윤동주와 송몽규는 단순한 사촌 형제
지간을 넘어 죽마고우이자 평생의 동지였다.

▲ 윤동주 묘

1945년 2월 후쿠오카형무소에서 순국한 윤
동주는 이후 합성리 묘지에 안치되었다. 윤동

▲ 송몽규 묘

주 묘소는 청명(淸明) 때마다 그를 기리는 사람들이 참배를 하러 올 정

◀ 윤동주 묘소 이정표

도로 많은 이가 찾는 명소가 되었다. 용정시에서는 친절하게도 이들의 수고를 덜어주고자 간이 이정표를 세워 주었다. 참으로 고마운 일이다.

1945년 3월 후쿠오카형무소에서 순국한 송몽규는 장재촌과 명동촌 사이에 안치되었다가 1990년 윤동주 묘가 있는 합성리 묘지에 이장되었다. 짧은 생애 동안 문학과 독립운동이라는 삶의 노정을 함께 걸었던 윤동주와 송몽규. 두 사람이 역사의 소용돌이 속에서 못 다한 이야기를 이렇게나마 나눌 수 있도록 힘쓴 후대들의 작은 배려가 아름답다.

고단한 생을 함께 나눈 두 사람 앞에서 그들의 삶이 담긴 〈서시〉를 마음속으로 되뇌어 본다.

죽는 날까지 하늘을 우러러
한 점 부끄럼이 없기를
잎새에 이는 바람에도
나는 괴로워했다.
별을 노래하는 마음으로
모든 죽어가는 것을 사랑해야지.
그리고 나한테 주어진 길을
걸어가야겠다.
오늘밤에도 별이 바람에 스치운다.

명동학교

    윤동주 생가에서 명동교회를 지나 100m 정도 더 이 동하면 송몽규 생가가 나온다. 그러나 아쉽게도 이 집은 개인이 구입하여 개축한 것이다. 그 정확한 의도는 모르겠으나 짐작컨대 생가 보전보다는 상업적인 이유가 크지 않을까 싶다.

▲ 명동학교 옛 모습

▲ 복원된 명동학교 모습

    착잡한 심정으로 고개를 돌리자 기념비 두 개가 눈에 들어온다. 두 기념비 모두 서전서숙의 뒤를 이어 1908년 설립된 명동학교 터를 알리

▲ 명동학교 옛터 표지석

는 비다. 명동학교는 북간도 지역 민족교육의 중심으로 나운규(羅雲奎), 문익환, 윤동주 등 한국근대사의 거목들을 배출한 곳이다. 이 학교는 해방 후에도 건재했지만 중국의 개혁개방 이후 학생 수가 급감함에 따라 자연히 폐교되고 말았다. 흔히 영원한 것은 없다고들 말한다. 서전서숙과 명동학교는 그렇게 역사책의 한 페이지에서 마침표를 찍었다. 하지만 우리가 이곳을 잊지 않고 찾는 한 그 정신만은 그 다음 페이지로 계속해서 넘어갈 것이다. 다음 세대, 그 다음 세대까지 영원히.

Tip

1. 명동학교는 2010년 10월 복원되었다. 용정시에서 그동안 방치됐던 명동학교 터에 졸업생들의 의견을 반영하여 옛 사진을 근거로 학교를 복원했다. 명동학교의 영문 이니셜인 M자와 T자가 선명하게 입구 상단에 새겨져 있다. 그리고 2011년 독립기념관은 용정시의 허가를 받아 복원된 명동학교의 교실 일부를 명동학교 역사 전시실로 꾸몄다.
2. 윤동주 생가, 명동교회는 2012년 9월 3일 연변조선족 자치주 성립 60주년을 기념하여 재단장했다.

**3·13만세
시위운동과
한 노인
이야기**

3·13반일의사릉

　　　　1919년 대한민국에 불꽃처럼 타오른 3·1운동은 3
월 13일 북간도 서전대야까지 번졌다. 일명 '3·13만세시위운동'으로
1919년 3월 1일 국내에서 전개된 만세시위운동에 영향을 받아 용정 서
전 벌판에서 일어났던 대규모 항일 시위운동이었다. 하지만 뜨거웠던
만세시위운동은 애석하게도 17명의 희생자를 낳았다. 3월 17일 수천
명의 사람들이 모여 그들의 불꽃 같았던 삶을 합성리에 묻었다.

　1990년 용정의 유지들
은 17명 중 13인의 묘소
를 확인해 목비를 세우고
주변 정화를 시작했다. 이
후 용정3·13기념사업회

▼ 3·13반일의사릉

▲ 3 · 13반일의사릉비 전면

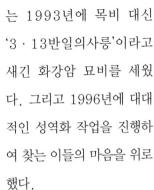

는 1993년에 목비 대신 '3 · 13반일의사릉'이라고 새긴 화강암 묘비를 세웠다. 그리고 1996년에 대대적인 성역화 작업을 진행하여 찾는 이들의 마음을 위로했다.

3 · 13반일의사릉 지킴이 최근갑 회장과의 인연은 10여 년 전으로 거슬러 올라간다. 1999년 연변지역 항일 사적지 답사 과정에서 3 · 13반일의사릉을 찾았을 때였다. 당시 70대 중반이던 그는 8월의 땡볕에도 아랑곳하지 않고 한국에서 온 젊은이에게 3 · 13반일의사릉에 대한 이야기를 연신 쏟아냈다. 그는 정겨운 함경도 사투리로 내게 말했다. "우리 아바이도 항일투사야." 하지만 그는 자신의 아버지가 항일투사라고 해서 이 일을 맡은 것만은 아니라고 말했다. 누군가는

◀ 3 · 13반일의사릉비 후면

▲ 필자(좌)와 최근갑 회장(우)

꼭 해야 할 일이기에 하고 있는 것이라고 했다. 나름 우리 역사를 지키고 있다고 자부하며 살았던 나이지만, 타국에서 겸손한 마음으로 우리 역사를 지키고 있는 70대 중반의 노인 앞에 서자 저절로 고개가 숙여졌다.

2015년 90세인 그는 현직에서 물러났음에도 탐방대가 찾아오면 가끔씩 3·13반일의사릉까지 나와 서전대야에서 벌어졌던 그날의 뜨거운 이야기를 들려주곤 한다. 세월도 민족을 위한 그의 열정만은 늙게 할 수 없었나보다.

▼ 3·13반일의사릉 설명비문

▼ 3 · 13반일의사릉 전경

Tip

연길에는 곳곳에 양고기 꿔(串)집이 즐비하다. 필자가 추천하는 집은 연길 하남 꿔거리에서 현재 연변자치주 정부 맞은편으로 이사한 꿔집이다. 보통은 양고기에다 양념을 직접 발라 굽지만, 이곳에서는 선홍빛 생고기가 테이블에 그대로 올라온다. 다음의 순서로 먹는 것을 추천한다. 양손에 각각 5개씩 양꼬치를 잡고 고기 색깔과 향을 음미한다. 그리고 재빨리 숯불 위로 올린다. 애벌구이가 끝나면 독특하게 만든 꿔대 위에 고기를 올려놓는다. 이제 애벌구이한 양꼬치를 각자 취향에 맞게 마저 굽고, 양꼬치 꿔의 원조인 신강 위구르의 향신료 즈란을 조금 뿌려 절임 깻잎에 함께 싸먹기만 하면 된다. 여기서 포인트는 절임 깻잎이 한국식이 아닌 연변식어야 한다는 것이다. 양고기의 고유한 맛과 즈란의 양념 맛을 그대로 살릴 수 있기 때문이다.

가격은 인민폐로 1위안 20전 정도다. 2015년 1위안이 한국 돈 180원 정도이니 주머니 사정을 크게 걱정하지 않아도 돼 더 좋은 양꼬치다.

02

봉오동과 도문

장애물을 넘어 봉오동전투지로
국경도시 도문과 남양의 간극

장애물을
넘어
봉오동
전투지로

봉오동반일전적기념비

　　우리 일행의 봉오동 전투지로의 행군 여정은 이러하
다. 연길 국자가(局子街)의 나경호텔에서 짐을 둘러메고 루이펑에 올
라탔다. 일행을 실은 루이펑은 연변대학교 부속병원을 지나 지금은 중
국인 소유가 된 대우호텔에 이른다. 거기서 다시 북대(북시장)를 지나
오른쪽으로 방향을 돌리면 연길도문 간 고속도로 이정표가 나온다. 이
고속도로의 총 길이는 26km인데, 통행하는 차가 거의 없어 속도광들
의 질주 본능을 자극한다. 지금은 조금 나아졌지만, 2001년 개통 당
시만 해도 1km 간격으로 차 한 대가 지나갈 정도였다. 그렇게 쌩쌩
달려 '도문 17km' 이정표를 지나면 도문에서 북경까지 이어지는 철교
를 볼 수 있다. 그리고 장안터널과 소반령 터널을 지나 약 25분을 더
달리면 마침내 '도문(圖們)' 이정표가 나온다.

도문 톨게이트에서 왕청 방향 이정표를 따라 다시 1.3km를 가면 도로 오른쪽에 '수남촌(水南村)' 팻말이 보인다. 그리고 포장길이라 불리기 민망한 엉성한 길이 이어진다. 길을 따라 2.4km 더 올라가면 도문시 수도국 봉오저수지 관리사무소가 나타난다. 대문에는 보물이라도 숨겨놓은 듯 빗장이 걸려 있다. 그런데 이곳에 접근할 수 없게 하는 진짜 장애물은 따로 있었다. 바로 지나치게 큰 '개소리'다. 관리사무소 옆집에서 들려오는 개 짓는 소리의 위력은 전투기 이륙 소리의 데시벨을 능가할 만큼 귀를 괴롭게 하는 소리였다. 하지만 교과서에서나 볼 수 있는 봉오동반일전적기념비(봉오동전적비)를 직접 볼 수 있는 기회인데, 이 정도 괴로움쯤은 감수해야 하지 않겠는가. 그렇게 우리는 두 손으로 귀를 막고 그날의 봉오동전투지로 가는 장애물 하나를 넘었다.

검문소를 지나면 수도국에서 지은 건물과 그 앞에 서있는 봉오동반일전적기념비를 만날 수 있다. 도문시는 1989년 1월 18일 이 기념비를 세웠다. 그리고 이후 2013년 낡은 기념비를 대신하여 새 기념비를 건립했다. 길이 140cm에 너비 96cm, 두께 10cm에 150cm 높이의 화강암을 2층 기단 위에 올려놓은 형태다. 부지 면적은 가로 720cm, 세로 350m다. 기념비 양쪽에는 도문시 문화재임을 알리는 판이 한자와 한글로 각각 설치되어 있다. 기념비 좌측 뒤편에 서있는 소나무 한 그루가 시선을 끈다. 아마 봉오동반일전적기념비를 보고 간 사람이라면 이 소나무를 잊을 수 없을 것이다. 수호신처럼 기념비를 감싸 안은 듯 서있는 그 늠름한 자태를.

봉오동반일전적기념
비에서 45도 정도의 경
사면을 따라 10분 정도
오르면 봉오골 저수지가
그 위용을 드러낸다. 봉
오동전투는 바로 여기서
시작되었다. 1920년 6
월 7일 홍범도(洪範圖)
와 최진동(崔振東)이 지
휘한 연합부대는 봉오
골 저수지로부터 북쪽
10km 지점에서 유격전
을 펼쳐 일본군 수백 명

▲ 기존 봉오동반일전적기념비

▲ 2013년 단장된 봉오동반일전적기념비

을 살상했다. 『독립신문』85호는 당시의 상황을 명료하게 정리해 보도
했다.

6월 7일 상오 7시에 북간도에 주둔한 우리 군 700명이 북로사령 소재
지인 왕청현 봉오동을 향하여 행군할 새 불의에 동 지점을 향하는 적군
300명을 발견한지라. 동군을 지회하는 홍범도, 최명록(최진동) 양 장군
은 직접 적을 공격하여 급 사격으로 적의 120여의 사상자를 내었으며,
적이 궤주함에 따라 바로 추격전을 펼쳐 현재 전투 중에 있다.

삼둔자전투(三屯子戰鬪)에서 시작된 독립군의 행보는 결국 봉오골에서 대미를 장식했다. 4일간 벌어진 치열한 전투였다. 『연변소년신문』 주필 최성준은 봉오동전투에 참전한 선친에게 들은 이야기를 다음과 같이 전해 주었다.

그때 제 아버지는 16세였지만 키가 6척이었어요. 그래서 최진동 부대에서 기관총을 다루었지요. 봉오골에서 전투를 치르는데 비가 많이 와서 기관총이 제 기능을 못해 마지막에는 적들이 흩어져 더 이상 전과를 올리지 못했다고 아버지가 살아생전 늘 이야기했지요.

카메라 렌즈 너머로 쏟아지는 빗줄기를 뚫고 적을 향해 뜨겁게 돌진하는 그날 봉오골 저수지의 앳된 얼굴들이 보이는 듯하다. 그 얼굴들을 기억하겠노라 다짐하며 힘주어 셔터를 누르고 돌아섰다.

▲ 봉오골 저수지

국경도시
도문과
남양의
간극

국경도시 도문(圖們)은 중국어로 '투먼'이라 발음한다. '석회 가루가 날리는 동네'라는 의미의 회막동(灰幕洞, 일명 회막골)으로 불리다, 1933년 만주어로 '여러 갈래의 물이 합류한 곳'을 뜻하는 도문으로 바뀌었다. 실제로 이 도시는 1930년대 북한과 중국을

▼ 도문(좌)과 남양(우)

잇는 철교와 도로교가 준
공되어 동북아 교통의 요
지로 발전하였다.

봉오골 저수지에서 내려
온 일행을 태운 루이펑은
어느새 도문시내로 들어서
고 있었다. 도문과 북한의

▲ 도문에 세워진 북한과 중국 변경비

남양을 잇는 철교에 도달하기 전 국경로 회전 교차로에서 좌측으로 돌
면 도문해관(圖們海關)이 나온다. 이곳은 주로 북한과의 무역창구 역
할을 한다. 여기서 40m 정도 더 들어가면 짝퉁 러시아제 물건과 북한
산 우표 등을 파는 상점들을 볼 수 있다. 주차장도 아니고 광장도 아닌
애매한 이 거리를 지나 둔덕에 오르면 도문해관 정문에서 북한의 남양
으로 이어지는 다리와 마주하게 된다. 이 다리 옆에는 북한과 중국의
변경을 알리는 변경비가 서있다. 이전에는 '중조변경(中朝邊境)'이라
새겨져 있었는데, 지금은 '중국도문변경(中國圖們邊境)'이라 음각되어
있다. 10여 년 전만 해도 이곳을 방문하는 관광객은 대부분 한국 사람
들이었다. 하지만 지금은 중국의 높아진 경제력을 과시라도 하듯 중국
인들이 삼삼오오 모여 북녘을 향해 카메라 세례를 퍼부으며 국경 체험
을 하는 모습을 흔히 볼 수 있다.

북한 남양의 모습을 조금 더 자세히 보고 싶다면 도문해관 정문 전망
대로 올라가면 된다. 전망대 상단에는 1991년 5월 8일 강택민이 쓴

▲ 도문과 남양 변경선

'중국도문구안(中國圖們口岸)'이란 글씨가 적혀 있다. 전망대에서 바라본 남양의 모습은 화려하지도 수수하지도 않은 고요함 그 자체다. 전망대 망원경 너머로 볼 수밖에 없는 현실이 못내 아쉬웠던 것일까? 도문 방문은 처음이라는 독립기념관 최경민 학예실장이 전망대에서 내려오자마자 뚜벅뚜벅 다리 쪽으로 향한다. 얼마쯤 갔을까? 최 실장은 보이지 않는 누군가에게 제지당한 듯 그 자리에 멈춰 섰다. 그가 갈 수 있는, 남한의 우리가 갈 수 있는 땅 끝까지 갔기 때문이다. 과속방지턱처럼 생긴 철물 중간에 빨갛게 그어진 선 하나가 우리 땅으로 가고자 하는 우리 발에 브레이크를 건다. 손을 뻗으면 잡힐 것 같은 남양을 앞에 두고 최 실장이 씁쓸한 표정으로 말한다.

"강산에가 부른 '두만강 푸른 물에 노 젓는 뱃사공'은 안 보이네요."
"뱃사공이 철광석 공장으로 떠나서 그런가 봅니다."

최 실장의 뒤에 함께 멈춰선 김태국 교수가 역시 씁쓸한 표정으로 답했다. 실제로 두만강이 흐르는 무산은 북한 최대의 철광석 단지다. 그런데 최근 중국이 무산 인근의 두만강 바닥까지 사들였다는 소식이 들려왔다. 이는 단순한 하천 준설이 아닌 철광 개발을 위함이다. 이 지역의 강바닥 모래에 무산 지역에서 떠내려 온 철광석이 30%가량 포함돼 있는 것으로 알려졌기 때문이다. 2013년 중국은 무산 철광에서 북한산 철광석 50만 톤을 채취해 수입하기도 했다. 뱃사공이 철광석 공장으로 떠났듯이 우리 땅의 자원이 점점 남의 땅으로 떠나가고 있는 듯해 더욱 씁쓸한 기분이다.

삼둔자 전투지

두만강 철교를 지나 삼둔자 전투지로 향하는 길에서 우리는 3개의 이정표를 만나게 된다. 첫 번째는 '일광(日光)', 두 번째는 늪지를 알리는 것인데 모두 한글과 한자가 병기되어 표기돼 있다. 이다음에 마주하게 되는 이정표가 가리키는 곳이 바로 봉오동전투의 서막을 알리는 삼둔자 전투지인 '간평(間平)'이다. 사실 맞은편에 있는 북한의 강양동역(江陽東驛)이 아니면 이곳이 삼둔자인지 알 수 없을 정도로 그

▼ 삼둔자

▲ 강양동역

위치가 참 애매하다. 도문시에서 두만강 도로를 따라 서남쪽으로 약
5km에 위치한 이곳에는 중국 조선족 농경문화의 고향임을 알리는 '월
청진(月晴鎭)' 선전물이 크게 세워져 있다.

　흔히 도문시 월청진 간평촌이라 불리는 삼둔자의 주민은 대부분 조
선족이다. 원래 사람이 살지 않던 이곳에 종성 사람 김·박·최 씨 일
가가 모여 살았는데, 이들을 중국인들이 '삼둔자(三屯子)'라고 표현한
것이다. 1920년 6월 전투 당시 화룡현에 소속돼 있던 삼둔자는 마을
동쪽으로 두만강이 흐르고 사면이 높은 산으로 둘러싸여 있었다. 삼둔
자에서 두만강을 건너 동북쪽으로 약 5리 떨어진 지점에 북한 강양동
이 있다.

　삼둔자전투는 6월 4~6일간 전개된 강양동 습격전과 삼둔자 서북방

의 기습전을 말한다. 1920년 6월 4일 새벽 독립군 부대는 강양동으로 돌격해 일본군 수비대를 습격했다. 독립군 30명과 일본군 수비대 18명이 격돌한 이 첫 번째 교전은 훗날 봉오동 승전의 전주곡으로 역사에 기록되었다.

한국 관광지를 가면 '경치 좋은 곳'이라고 적힌 팻말이 오가는 자동차를 유인하는 모습을 흔히 볼 수 있다. 두만강 곳곳에도 북녘 땅을 바라보며 잠시 숨을 돌릴 수 있는 장소들이 있다. 이곳도 그중 하나다. 이곳에서 강양동역을 바라보면 역 건물 위에 놓인 김일성 초상화를 볼 수 있다. 망원경을 사용하지 않고도 볼 수 있는 엄청난 크기다. 저 초상화는 누구를 유인하려는 것일까?

현재 삼둔자에는 사적지임을 알리는 그 어떤 표지석도 설치돼 있지 않다. 그래서 모르는 이에게는 그저 스쳐 지나가는 길에 불과할 수도 있다는 사실에 실로 탄식이 나온다.

장암동 참안지

삼둔자에서 핸들을 개산툰(開山屯)으로 꺾었다. 개산툰과 종성(鍾城)을 잇는 다리 위에 북한에서 온 트럭들이 줄지어 늘어서 있다. 트럭에서 명태 냄새가 스멀스멀 새어나온다. 명태 특유의 비릿한 향이 어느새 개산툰 전체를 뒤덮은 듯하다. 개산툰 다리 건너편은 종성군 삼봉이다. 종성이 고향인 김약연, 문익환, 윤동주 일가는 이곳을 건너 독립운동의 이상향 명동촌으로 왔다.

두만강 중류의 멋스러움과는 대조되는 삶의 고단함이 묻어 있는 개산툰을 벗어나 곧장 장암동 참안지로 향했다. 경신참변 참안지 가운데 가장 참혹한 곳이다. 1920년대 봉오동과 청산리에서 대패한 일제는 항일독립군을 탄압하기 위해 간도지방불령선인초토계획(間島地方不逞鮮人剿討計劃)을 세우고 대규모 병력을 간도 지역에 파견했다. 그렇게 그들은 수많은 한인을 학살하고 가옥을 파괴하는 경신참변을 일으켰다. 그중 일본군 제14사단 제15연대 제3대대장 대강융구(大岡隆久)가 이끈 77명의 병력은 간도 용정촌 동북 25리 지점에 위치한 한인 마을 장암동에 침입했다. 그들은 40대 이상의 남자 33명을 포박해 교회당 안에 감금하고 불을 질러 몰살시켰다. 그리고 며칠 후 다시 찾아와 매장한 시체를 꺼내 뼈만 남을 때까지 완전히 소각하는 끔찍한 만행을 저질렀다.

용정에서 연길로 이어지는 고속도로 우측 서전평야를 가로지르면 동성진 동명촌(東盛鎭 東明村)이 나오는데, 이곳에서 6km 떨어진 언덕 위에 합동묘가 있다. 작은 봉분 앞에 '장암동 참안지'라고 새겨진 화강암 기념비가 경계병처럼 서있고, 2010년 들짐승의 습격을 막기 위해 설치된 철 울타리가 그 주위를 둘러싸고 있다. 언덕 위로 세찬 바람이 일기 시작했다. 그것이 마치 영혼들의 준엄한 꾸짖음 같이 느껴진 것은 못난 후손의 제발 절임일까. 일행은 채 10분을 버티지 못하고 도망치듯 내려왔다.

▲ 장암동 참안지 합동묘

Tip

　월청진 소재지에는 조선족이 사는 마패
(馬牌)마을이란 곳이 있다. 이 마을에는 발
해 시기 〈마패 24개돌〉 유적지가 남아 있
다. 거기에는 이렇게 적혀 있다.

　"이 유지는 발해 시기(AD 687년~926년)
에 건축하고 후에는 요금시기(AD 907년
~1234년)까지 사용하였는데 기타 지구
의 발해 건축물과 흡사하다. 기초돌은 동
서로 석 줄로 배열하였는데 매개 줄에는
8개의 돌이 놓여졌다. 이 돌들은 불규칙
적인 5변 기둥형인데 높이는 90, 직경은
65, 제일 넓은 면은 90×45cm이다.
보호 범위: 이 비석을 기준하여 서쪽으로
20미터, 남북으로 20미터이다."

　그런데 명시된 것과 달리 이 유적지 앞에
는 비닐하우스가 들어서 있고, 주위에는
잡초와 소똥 등이 가득하다. 보호받지 못
하는 우리 역사의 현실을 적나라하게 보여
주는 듯해 씁쓸함을 지울 수 없다.

03

연해주와 밀월지역, 훈춘

훈춘 호랑이, 황병길
잊혀진 역사의 골짜기, 대황구
슬픈 역사의 삼각지대, 훈춘

훈춘
호랑이,
황병길

　　훈춘 지역의 대황구(大荒溝)와 방천(防川)을 답사하기 위해 서둘러 길을 나섰다. 연길 나경호텔에서 출발해 30분 정도 연길－도문 간 고속도로를 달리면 도문톨게이트가 나온다. 여기서 다시 약 6km 정도 직진하면 왼쪽 산비탈에 탈북자 감옥이 보인다. 이를 기점으로 오른쪽으로 가면 도문시내고, 직진하면 훈춘이다. 훈춘으로

▼ 훈춘 현성　　　　　　　　　▼ 훈춘 옛 시가지

가는 길은 두만강을 감상하는 길이기도 하다.

도문에서 두만강을 따라 차로 60분 정도 달리니 러시아와 국경무역을 하는 훈춘시가 모습을 드러낸다. 훈춘은 만주어로 '강줄기가 갈라진다'는 뜻이다. 그 뜻처럼 이곳에는 훈춘하, 홍기하(紅旗河) 등 크고 작은 강이 많다. 이 강들은 모였다 흩어졌다를 반복하며 결국 두만강과 한 몸이 된다. 훈춘은 연변에서 중국의 공식 지방관아가 가장 먼저 설치된 곳이기도 하다. 러시아와 접경하는 지리적 요인이 크게 작용한 탓이다. 1881년에 관청이 설치되면서 훈춘은 연변 전체를 관할하게 된다. 이 시기 훈춘성의 둘레는 약 7리에 달했다.

훈춘은 당시 우리에게도 매우 중요한 땅이었다. 안중근 의사가 훈춘과 연해주를 오가며 의병활동을 전개한 것도, 일제가 훈춘사건을 조작한 것도 모두 훈춘이 갖는 지리적 특징에서 비롯된 것이었다. 1919년 3월 1일 대한민국에서 피어난 독립의  불꽃은 머나먼 이국 땅 훈춘에까지 뜨겁게 번졌다. 그리고 그 불꽃이 꺼지지 않고 훈춘까지 전해질 수 있었던 배경에는 '훈춘 호랑이'라 불린 한 사내가 있었다.

황병길은 1885년 함경북도 경원군 경원면 송천동(松泉洞)의 한 소작농의 집에서 태어났다. 서당에도 다

▲ 황병길

닐 수 없을 정도로 가난한 집안에서 태어났지만, 이후 그가 이룬 일가의 항일 이력은 그 어느 집안보다 풍부했다. 황병길의 부인 김숙경(金淑慶)은 애국부인회 중견 인물로 활동했으며, 둘째 딸 황정신(黃正信)은 소녀 시절부터 1934년 순국할 때까지 항일 투쟁에 참가했다. 셋째 딸 황정일(黃正日) 역시 북일학교 부교장 김남극의 며느리

▲ 황정일 묘

로 독립운동가 가문과 유대관계가 있었고, 막내아들 황정해(黃正海) 또한 동북항일연군에서 활동하다 1941년 숨졌다. 이처럼 황병길의 가정은 가족 구성원 대부분이 항일투쟁에 생애를 바친, 말 그대로 '항일투쟁가정'이었다.

황병길은 안중근·최재형 등과 함경도 등지에서 항일전에 적극 참가했다. 두만강 건너 일본군 수비대를 습격해 혼자서 일본군 14명을 사살하는 등 큰 전과를 거둬 '훈춘 호랑이'라는 별명을 얻게 됐다. 그는 연해주 연추(煙秋)에서 안중근·백규삼 등과 함께 조국의 독립을 염원하는 단지동맹에 참여한 인물이기도 하다. 1911년 연추에서 훈춘 연통랍자(煙筒拉子)로 재이주한 그는 교육기관을 설치해 독립군 인재 양성에 힘썼다. 그리고 독립운동가들이 훈춘에서 보다 안전하게 활동할 수 있도록 도왔다. 일례로 황병길은 1912년 6월경 윤해(尹海)가 연

해주 블라디보스토크에서 독립운동에 관해 논의하고 훈춘으로 돌아올 때 호위를 해주기도 했다. 황병길도 안중근처럼 연해주와 훈춘을 오간 '점퍼(jumper) 독립운동가'였던 셈이다.

황병길은 1920년 6월 1일 순국하기까지 조국의 독립을 위해 힘썼다. 그는 병세가 위중한 상황에서도 끝까지 군대 양성에 전념했다. 그의 순국 시기를 10월로 보는 설이 있는데, 이는 황병길이 청산리전투에 참가했음을 가정하고 내린 결론에 따른 것이다. 하지만 여러 기록을 종합해 볼 때, 그는 1920년 6월 1일 3개월간의 투병 생활 끝에 순국한 것으로 보인다.

우리의 아픈 역사는 조국을 그 누구보다 사랑했던 한국 호랑이를 그렇게 훈춘 땅에 묻고 말았다. 황병길의 이야기는 끝이 없지만 그가 활동했던 공간의 역사, 즉 사적지가 남아 있지 않아 아쉽지만 여기서 끝을 맺을 수밖에 없다.

잊혀진 역사의 골짜기, 대황구

대황구 13열사 기념비

　　'연변족자치주가 낳은 모태기사' 김태선 기사는 낡은 승합차를 승차감 좋은 고급 승용차로 느껴지게 하는 자타공인 베스트 드라이버다. 그런 그가 운전하는 차가 마술이 풀려버린 호박마차처럼 덜컹덜컹 흔들리는 것을 보니 어느덧 대황구(大荒溝)에 들어선 모양이다. 훈춘시에서 서북쪽으로 40km 떨어진 영안진(永安鎭) 대황구는 산세가 험하기로 유명하다. 육성림 재배단지로 지정되어 있어 '대황구 임장(林場)'으로 찾는 편이 더 수월할 것이다. 대황구 부근의 골짜기에서 흘러나오는 다섯 갈래의 강물은 대황구에서 합쳐진다. 이 물줄기는 산굽이를 에돌아 남쪽으로 빠지는데 이 강을 예전에는 '회암하(回岩河)'라 불렀다. '대황구'라는 지명은 청나라 광서제(光緖帝) 시기 '사람이 살지 않는 황량한 골짜기'라는 뜻에서 붙여진 것이라 한다. 이

▲13열사 기념비 전체

런 척박한 땅에서 '항일 정신'이라는 고귀한 꽃을 피워낸 13명의 사람들이 있었다. 일명 '대황구 13열사'다. 그런데 부끄럽게도 우리가 공식적으로 이들을 찾아온 첫 한국 답사단이라고 한다. 오랜 시간 이곳에서 우리를 기다렸을 그들을 서둘러 만나러 갔다.

대황구 13열사 기념비의 위도는 함경도 중강진과 비슷한 43도 07분 30초다. 대황구 소재지에서 삼안(三安) 방향으로 가다가 샛길로 들어서면 볼 수 있다. '영수불후(永垂不朽)'라는 글자를 품고 서있는 이 기념비는 2004년 훈춘시에서 세운 것이다.

1983년 연변박물관 김철수가 연변 지역 사적지를 샅샅이 답사해 작성한 『연변항일사적지연구』에는 당시 대황구의 모습을 엿볼 수 있게 하는 글과 사진이 실려

▲ 13열사 기념비

있다. 그 책 속에는 1960년대 훈춘현에서 세운 13열사 기념비의 모습이 담겨 있다. 역사학자가 발로 뛰며 이뤄낸 성과는 설령 그 당시에는 미미한 결과물에 지나지 않을지 몰라도 언젠가는 꼭 빛나게 쓰인다는 것을 보여주는 좋은 예가 아닐 수 없다. 사적지 답사기를 남기는 역사학자의 한 사람으로서 어깨가 무거워짐을 느낀다.

현재 대황구 13열사 기념비에는 아래와 같은 글이 적혀 있다.

> 1933년 8월 18일(음력) 훈춘현 유격대원이 대황구에 왔을 때 밀정의 밀고로 일본수비대와 무장자위단 60여 명과 조우하여 전투를 치렀는데 이때 13명의 유격대원이 희생당했다. 그들은 중대장 박진흥(당원), 소대장 오빈(당원), 소대장 김용학, 박영신(당원), 양태성(당원), 김시천(당원), 주경갑(당원), 이홍국(당원), 배송림(당원), 고진준(단원), 김장협(단원), 김길룡(단원), 郎××(단원).

안타깝게도 대황구 13열사 가운데 한 사람의 이름이 아직까지 확인되지 못하고 있다. 1933년 일본군 수비대에 습격받기 직전 13열사가 휴식했던 한옥 초가집은 가로 12m, 세로 5m로 비교적 규모가 컸던 것으로 알려져 있다. 하지만 지금은 그 흔적조차 찾을 수가 없다. 우리가 조금만 더 빨리 이들을 찾았다면 어땠을까 하는 아쉬움에 기념비 끝에 적힌 '郎××(단원)'에서 한참 동안 눈을 떼지 못했다.

훈춘시에서는 광복 60주년을 맞아 대황구를 중심으로 대대적인 홍색 관광루트를 개발하기 시작했다. 그에 따라 파손됐던 13열사기념비도 새 단장을 하게 됐다. 기념비를 화강암으로 새로 세우고 주변을 포장 벽돌로 장식했다. 기념비 앞에는 엄숙함을 더해주는 화단이 조성되어 있고, 뒷편에는 13열사의 묘비가 자리하고 있다. 그들의 넋을 기리기에 손색이 없는 기념비와 묘비다. 단 하나, 우리 후손들의 손으로 세운 것이 아니라는 점만 빼면 말이다.

우리가 이곳으로 오는 길목에서 몸소 체험할 수 있었던 것처럼 영안진에서 대황구 임장으로 이어지는 길은 비포장이라 접근성이 떨어진다. 개인적인 작은 바람이 있다면 이 도로가 잘 닦여 좀 더 많은 이들이 보다 편한 걸음으로 이 장소를 찾아와 13인의 넋을 기릴 수 있었으

◀ 13인의 열사 묘비

면 좋겠다. 그렇게 된다면 찾아오는 이들을 배웅하는 13인의 마음 또한 한결 가볍지 않겠는가.

북일학교 터

2009년 국가보훈처는 일본외교사료관 자료 가운데 『만주지역 본방인재류금지관계잡건』을 수집하여 자료집으로 발간했다. '본방인'이라는 단어는 일제강점기 일본인을 지칭한다. 이 자료집에는 『대한매일신보(大韓每日申報)』의 주필 양기탁(梁基鐸), 독립운동가이며 언론인이자 역사학자인 계봉우(桂奉愚) 등 수많은 독립운동가의 이력과 사진이 수록돼 있다. 여기에는 우리의 답사지인 북일학교의 교장 양하구(梁河구)에 대한 내용도 실려 있다. 그는 일본 간도총영사관의 지시로 1919년부터 3년간 재류금지자로 등록되었다. 그에 대한 일제의 평가는 다음과 같다.

양하구, 1885년생. 본인은 극도의 배일주의자로 내심 언제나 우리 관헌을 적으로 보고 우리 시정에 복종하지 않는 인물이지만 점차 우리 관헌의 호의에 접하여 최근에는 우리 관헌에게 접근하게 되었으나 그 정신은 의연히 배일사상이 공고하여 지방 불령자의 수령이 되어 학생을 교육한다고 빙자하여 왕성하게 병합의 그름을 이야기하고 또한 기독교 예배당을 이용하여 부락민에게 한민족의 독립 자결을 설명해서 부민을 선동하고 지방 일반 이민에게 조선의 독립을 몽상하게 하여 장래 우리 시정을 방해하고 개선의 전망이 없는 자라고 미루어 짐작하는 바임.

양하구는 일제의 탄압과 추격을 피해 나자구에서 대황구로 피신 온 이동휘(李東輝)와 함께 1917년 북일학교를 세웠다. 이후 북일학교는 명예교장 이동휘, 교장 양하구, 부교장 김남극(金南極) 체계로 운영되었다. 이동휘가 세운 일명 '나자구 사관학교'라 불린 나자구 동림학교(羅子溝 東林學校)와 양하구가 1909년에 설립한 동창학교(東昌學校)의 맥을 이은 사관학

▲ 양하구

교였다. 1917년 봄 8칸의 교사를 신축해 정식으로 개교한 북일학교는 항일민족교육과 군사 훈련을 실시하는 등 군사 인재 양성에 초점을 맞추었다. 양하구의 처남이자 북일학교 학생이었던 강석훈(姜錫勳)은 1980년대 북일학교를 이렇게 회상했다.

팔순 고령을 넘은 나는 훈춘에서 보낸 청소년 시절의 일들, 특히는 대황구 북일학교에서 공부하던 때의 잊을 수 없는 일들을 가끔 회상하곤 한다. 북일학교는 1917년 1월에 창립되었다. 창립자의 한 분이며, 제1대 교장인 양하구는 나의 셋째 자형이고 나 역시 이 학교를 다녔다. 그래서인지 이 학교의 정황을 내가 좀 더 많이 알겠지만 60여 성상이 흘러갔으

니 많은 구체 정황은 잘 기억되지 않지만 이 학교가 반일 민족교육을 진행한 진지였을 뿐더러 더욱이는 민족독립운동의 혁명 전사를 육성해낸 군사 학교였다는 것은 의심할 바 없다.

차 안에서 빵과 짜차이(榨菜)로 간단히 점심을 해결한 후 곧바로 대황구 독립운동기지인 북일학교 터로 향했다. 대황구 소재지에서 서쪽으로 1km 떨어진 곳에 위치한 옛 북일학교 터는 옥수수밭으로 변해 있었다. 1920년 10월 경신참변 당시 일제는 북일학교 교실을 무참히 소각했다. 일제는 그날 이곳에서 조국 광복의 꿈을 키우던 학생 20여 명을 김남극, 양병칠(梁炳七), 김하정(金夏鼎) 선생님들과 함께 학살하려 했다. 당시 북일학교의 전체 학생 수가 40여 명이었으니 절반에 가까운 학생이 학살 대상이 된 것이었다. 그러나 다행인지 불행인지 일제는 선생님들에게만 위해를 가했다. 북일학교를 흔적도 없이 쓸어간 그날의 광풍을 강석훈은 다음과 같이 기억했다.

사람잡이를 일삼는 일본놈들은 김남극과 양병칠을 당장에 살해하고 김하정을 훈춘으로 압송해가던 중 생매장했다. 북일학교는 토벌대들에게 파괴되고 사생들은 거의 다 외지로 피신한데다가 그 해 재해까지 입어 학교는 문을 닫을 수밖에 없었다.

해발 200~300m의 산들이 북일학교 터인 옥수수밭을 마치 보호하듯 둘러싸고 있다. 일제의 광풍으로부터 학생들을 지키고자 했던 북일학교의 선생님들처럼 말이다. 북일학교가 사라진 지 어느덧 100년 가까운 시간이 흘렀다. 그 세월 동안 이 땅에서 자라난 것은 비단 옥수수만이 아닌 것 같다. 옥수수만큼이나 무성히 자란 후손들의 무관심이 이 땅을 가득 메우고 있다. 이 무성한 무관심들을 언제쯤이면 다 베어낼 수 있을까. 주변의 산들이 후손들의 어리석음마저 감싸 안은 선생님들의 모습 같아 마음이 더 아파진다. 그 마음의 짐을 조금이라도 덜기 위해 북일학교의 지킴이었던 김남극 부교장의 영면지로 서둘러 발길을 돌렸다.

▼ 북일학교 터

김남극 순국지와 묘

북일학교에서 남쪽으로 150m 내려오면 주위에 벽돌 바닥이 둘러진 커다란 돌배나무 한 그루가 오가는 이의 시선을 사로잡는다. 이 우람한 나무에는 깊은 슬픔이 서려 있다. 이 나무는 북일학교 부교장 김남극의 마지막 길을 기억하고 있다. 그는 바로 이 자리에서 일본군에게 효수되었다. 일제는 항일투사들을 매번 두 번씩 죽였다. 죽인 후 일종의 본보기로 시신을 나무 위 같은 높은 곳에 매달았다. 남만주 조선혁명군 총사령관 양세봉(梁世鳳)도 같은 방식으로 죽임을 당했다.

1869년 함경북도 명천군에서 태어난 김남극은 1900년 무렵에는 대황구로 이주한 후 양하구 등과 군사 인재 양성 교육에 열성을 다했다. 1918년 북일학교 교장 양하구가 일본군에게 체포되어 서대문형무소에서 복역할 때 학교 살림을 도맡았다. 3·13운동 때는 북일학교 학생들을 이끌고 만세운동에 앞장서기도 했다.

▲ 김남극 순국지

김남극이 효수된 돌배나무는 2005년 7월 훈춘시에서 대황구 항일 유격 근거지를 성역화할 때 문화재로 지정될 뻔했다. 하지만 김남극이 1991년 한국에서 건국훈

장 애국장을 받았다는 이유로 무산되고 말았다. 중국 측의 이와 같은
처사가 수긍되지 않는 바는 아니다. 하지만 당시 '항일'이라는 코드를
함께 나누었던 한중이 '투쟁'이라는 대승적 차원에서 굳이 나뉠 이유는
없다고 생각한다.

살아남은 북일학교 관계자들과 유족들은 효수된 김남극을 정성스럽
게 묻었다. 대황구 소재지에서 왕청(汪淸)으로 가는 길의 위도 43도
08분 06초, 경도 130도 23분 46초 지점이다. 비포장 대로에서 좁은
길을 따라 들어오면 김남극과 그의 부인, 아들, 며느리인 황병길의 셋
째 딸 황정일을 안장한 묘소가 회암하를 고즈넉이 바라보며 자리하고
있다. 원래 김남극의 묘소는 길 바로 옆이었는데, 도로를 확장하면서

▼ 김남극 묘(중앙)

20여 미터 회암하 쪽으로 들어오게 됐다.

김남극의 묘비는 1995년 연변대학교 최용린 교수에 의해 세워졌다. 이후 1999년 김남극의 유족들이 묘소를 새롭게 단장하면서 묘비도 바꿔 세웠다. 기존 묘비는 우측 하단에 그대로 남겨 두었다. 새 묘비 정면 상단에는 '항일의사'란 말이 추가되었으며, 기단에는 "우리나라 자주독립과 국가 발전을 위하여 공헌한 김남극 선열에게 건국공로 훈장 애국장을 추서함. 1991. 8. 15일 대통령 노태우, 국무총리 정원식 1999년 10월 17일 立 손자 김학림 記"라고 새겨져 있다.

현재 김남극의 유해는 대전현충원에 묻혀 있지만, 그의 정신은 그를 지켜내고자 한 이들이 만든 자리, 왕청으로 가는 길의 위도 43도 08분 06초, 경도 130도 23분 46초에 여전히 남아 있다.

슬픈 역사의
삼각지대,
훈춘

훈춘사건의 현장

당시 3·1운동의 열기는 국내를 넘어 세계로 퍼져 나갔다. 만주지역에는 그 열기를 주춧돌 삼아 수많은 독립운동 단체가 만들어졌다. 일제로서는 지켜볼 수만은 없는 일이었다. 그들은 1920년 8월 '간도지방불령선인초토계획'이라는 끔찍한 독립군탄압작전을 계획한다. 명분은 자국민 보호였지만, 실상은 한국독립운동의 기를 꺾어 놓기 위함이었다. 그들에게 한인은 자국민도 보호의 대상도 아닌 언제든 쓰다 버리는 이용 도구에 지나지 않았다.

1920년 10월 2일 마적 장강호(長江好)는 대규모 인원을 이끌고 훈춘영사분관을 공격했다. 이것이 흔히 말하는 두 번째 훈춘사건이다. 기록에 따르면 이 공격으로 훈춘영사분관에 있던 일본인과 한인 순사 등 14명이 사망했다. 일제는 이를 빌미로 함경북도 나남에 주둔하고 있던 조선군 제19사단 등 2만여 명의 병력을 동원해 경신참변을 일으켰다. 그런데 이 사건은 전부 일제에 의해 조작된 것이었다. 즉 일제라는 작가가 쓴 시나리오를, 일제라는 감독이 지휘해 만든 한 편의 끔찍한 드라마였던 것이다.

연변대 박창욱 교수는 조작의 근거를 이렇게 설명한다.

제1차 훈춘사건 당일인 1920년 9월 12일 일본 훈춘영사분관 주임이 보낸 제47호 전보에는 훈춘을 습격한 자가 처음에 마적인지 불령선인인지 불명했으나 그 후 알고 보니 모두 마적이라는 것을 알았다고 했다. 그런데 9월 12일 조선총독부 척식국장에게 보낸 전보에는 12일 오전 6시 불령선인, 러시아 과격파와 중국 마적으로 구성된 대부대가 훈춘을 습격해와 일본인은 피난 중이라고 하였다. 그렇다면 전보의 시간과 전보 내용이 미리 짜놓고 기다렸다가 훈춘 주임도 모르는 내용을 보낸 것이라고 할 수 있다.

▼ 훈춘영사분관

현재 훈춘영사분관은 철거되고 그 자리에 훈춘시 공안국이 들어서 있다. 훈춘시 경계에서 옛 훈춘현성(琿春縣城) 방면 용원가(龍原街)와 신안로(新安路) 사거리를 기점으로 바로 서북쪽에 위치한다. 일행은 공안국의 허락을 받고 그곳에서 1920년 당시의 흔적을 찾아 나섰다. 길이 1m, 폭 35cm의 화강석으로 잘 다듬어진 훈춘영사분관 기초석은 지금도 공안국 건물 기초석으로 쓰이고 있었다. 그 비문에는 다음과 같이 적혀 있다.

본 공사는 대정 7년(1918) 8월에 신축 기공하여 9년(1920) 7월에 준공하였으며 그 해 10월 사변으로 전소된 것을 10년(1921) 5월 다시 재건축하여 11월에 낙성하였다.
  - 대정 10년 11월 부영사 추연욱삼랑(秋淵旭三郎), 기사 서내심태랑(西奈甚太郎), 책임자 문광겸오(門廣謙吾)

치욕의 역사라고 해서 그 흔적을 완전히 없애 버리는 경우가 있다. 옛 영사분관을 다 허물어서 아무것도 없을 줄 알았는데, 중국은 기초석 비문에 당시 사건의 흔적을 남겨 두었다. 장춘에 있는 만주국의 상징 '위황궁(僞皇宮)'을 보존하여 위황궁기념원과 동북함락사기념관으로 꾸민 것과 같은 맥락일 것이다. 역사의 교훈을 잊지 않으려 노력하는 중국인들의 모습에서 부러움과 부끄러움의 감정을 동시에 느끼며 씁쓸한 마음으로 발길을 돌렸다.

안중근 의사가 머문 자리, 권하촌

훈춘에서 1시간 10분쯤 달려 경신진 권하촌(敬信鎭 圈河村)에 다다르면 국경무역 지대의 상징인 권하해관(圈河海關)(세관)이 보인다. 이곳을 지나 왼쪽으로 돌면 '안중근 의사 유적지'라는 안내판이 나온다. 안 의사의 손짓에 이끌려가다 보니 어느새 조그만 초가집 앞에 다다랐다. 어설픈 분칠을 한 새색시처럼 수수한 모습으로 관람객을 맞는 작은 초가집 앞에서 한국인들은 저마다 몇 가지 물음표를 갖게 된다. '안 의사가 정말 이곳에서 지냈을까?', '이 집이 정말 100년이나 되었을까?'

안중근 의사는 하얼빈의거를 단행하기 전 1908년과 1909년에 연

▼ 권하촌 초가집

해주와 훈춘을 오가며 국내 진공작전을 펼쳤다. 이 시기 그는 권하촌에서 천주교 신자들을 대상으로 항일계몽운동도 실시했다. 중국인들에게도 호기심의 대상인 권하촌 초가집은 1928년 안영석이 안중근 의사가 유숙했던 집터에 새로 지은 것이다.

비록 1909년에 안 의사가 머물렀던 그 집은 아니지만, 훈춘시는 같은 터에 지은 이 초가집이 지닌 역사성을 인정했다. 2001년 안중근 의사 유적지로 지정하고, 구체적인 관리 업무를 경신진 문화 관리소에 맡긴 것이다. 집 주위로 12m가 보호구역으로 지정되어 있으며, 초가집 앞에 한글과 한자 표지석이 각각 세워져 있다.

▲ 권하촌 초가집 한글 · 한자 표지석

그런데 안타깝게도 현재 초가집이 좌측으로 약 10도 이상 기울어져 있다. 경신진 측의 보존 관리 소홀에 따른 문제인 것으로 보인다. 사적지는 지정뿐 아니라, 관리와 활용도 매우 중요함을 다시 한 번 강조하고 싶다. 별다른 격식을 차리지 않고 안으로 들어간다. 하지만 안중근 의사의 영정을 마주

▼ 권하촌 초가집 내부

하는 순간, 그 숙연함에 잠시 주춤하며 나도 모르게 서둘러 옷매무새를 단정히 하게 된다. 안쪽 방에는 가짜 멍석이 깔려 있고, 그 위에 여러 가지 소품들이 가지런히 놓여 있다. 거창하게 건축 양식을 논할 필요도 없는 우리에게 익숙한 시골 초가집이다. 피사의 탑처럼 비스듬히 서 세월을 양식 삼아 버티고 있는 이 집이 우리의 무관심 속에서 언제까지 더 버틸 수 있을지 걱정스러운 마음이 인다.

삼국 접경 지역,
방천

　　　　　　　권하촌에서 30분을 달려 방천(防川)에 도착했다. 주위를 둘러보니 방문객의 대부분이 중국인이었다. 군인들의 경계하는 눈빛을 외면하고 관람객들이 서둘러 전망대로 올라간다. 우리의 통일전망대가 북녘 땅을 바라볼 수 있는 곳이라면, 이곳은 중국 땅에서 한반도 북쪽 끝을 바라볼 수 있는 곳이다. 한때 한국 사람들의 입에 자주 오르내렸던 아오지탄광도 방천에서 직선거리로 30km밖에 되지 않는다. 어떤 이는 '휴전선'이 세계에서 가장 가슴 아픈 곳이라고 말한다. 60여 년간 시대의 아픔을 고스란히 증언하고 있는 휴전선을 잊고 사는 우리들에게 방천은 우리가 여전히 그 아픈 '휴전 중'임을 다시금 깨닫게 한다.

　목 좋은 곳에서 보면 왼쪽으로 러시아 핫산(Khasan)의 경계초소가 있고, 오른쪽으로 핫산과 경원(慶源)을 잇는 철교가 힘겹게 세워져 있는 모습을 확인할 수 있다. 2008년 6월 블라디보스토크 총영사관의 도움으로 핫산 국경선까지 갔다가 세퍼드를 앞세운 러시아 군인들에게 검문을 당한 적이 있었다. 다행히 허가증을 소지하고 있어 무사히 빠져 나올 수 있었지만 여전히 아찔한 기억으로 남아있다. 방천과 핫산은 모두 삼국 국경 지점이지만, 핫산과 달리 방천에서는 동해 바다로 나갈 수가 없다. 중국이 북한과 긴밀한 관계를 유지하는 이유 중 하나가 이 때문이라는 이야기도 들린다.

덤으로 얻을 수 있는 역사는 없다. 이 시대를 살아가는 우리들은 다음 세대를 위해 무엇을 해야 할까. 방천, 핫산, 경원의 삼각지대가 그 답을 말해주고 있는 듯하다.

Tip

1. 권하촌에서 방천까지 가는 길에 훈춘을 비롯한 연변 개척의 주역인 오대징(吳大澄)의 황금빛 좌상과 사막공원 내 모래썰매장이 있으니 여유가 된다면 즐겨보기를 바란다.

2. 최근 방천의 모습은 이전과 조금 달라져, 전망대인. '망해각(望海閣)'이 높은 자태를 뽐내고 있다. 아마도 중국은 본격적인 국경 관광사업을 진행하고 있는 것 같다. 주차장을 새로 완비하여 차는 주차장에 놓고, 거기서 망해각으로 가는 버스를 타고 가야 한다. 백두산 관광지의 형태를 그대로 모방한 것 같다.

3. 2015년 현재 안타깝게도 새로 지어진 안중근 권하촌 초가집마저 철거되고 말았다.

▼ 경원과 핫산을 잇는 철교

04

독립운동의 최적지, 왕청현

나자구에서 만난 태극기
하마탕

나자구에서 만난 태극기

태극기 동굴

　　연변조선족자치주 박물관에는 동굴 벽에 새겨진 태극기 표식을 담은 사진이 보관돼 있다. 이 사진은 1962년 북한 답사단이 연변조선족자치주 조사 당시 나자구 태평촌 신선 동굴에서 발견해 찍은 것이다. 북한에서는 이 지역이 동북인민혁명군과 관련된 사적지이기 때문에 조사를 진행했을 것이다. 당시를 기억하는 한족 촌로들에 따르면, 북한 연구자들에게 신선동 동굴에 한국독립운동의 흔적이 있다고 말해주자 그곳으로 가 새겨진 태극기를 사진에 담아갔다고 한다.

　북한은 1962년에 이곳을 답사했지만, 한국은 그보다 한참 뒤인 2007년에야 공식적인 첫 조사를 진행했다. 우리 답사단이 그 막중한 역할을 맡게 되었다. 사실 이에 앞서 2005년에 나자구 답사가 계획된

▲ 태극기 동굴을 향해 가는 답사팀

바 있었지만, 예상치 못한 많은 비로 길이 통제돼 아쉽게도 발길을 돌려야 했다. 눈을 뜨자마자 창문을 열고 날씨부터 확인했다. 다행히 하늘이 맑았다. 우리의 답사 길을 응원해주듯 내리비추는 햇살을 바라보며 힘차게 나자구로 출발했다. 보통 연길에서 나자구로 가는 코스는 이러하다. 연길에서 왕청까지 90km(고속도로), 왕청에서 대흥구를 지나 나자구까지 도착하는 데 100km다. 차로 가면 3시간 정도 소요된다. 길이 좋아졌다고는 하나, 80km 이상 속도를 내기 어려운 코스다.

나자구 시내를 벗어나 달리던 차가 수분하 지류 앞에서 빨간불에 걸린 듯 멈춰 섰다. 차로는 더 이상 갈 수가 없어 내려서 강을 건너기로 했다. 그런데 말이 강이지, 비가 내리지 않아 능히 건너갈 수 있는 개울과 같았다. 신발을 벗고 기꺼이 차가운 물에 발을 담근 채 일렬로 강

▲ 태극기 동굴 원경

을 건너갔다. 그렇게 강을 건너서 좁은 산길을 30분 정도 오르자, 드디어 저 멀리 동굴이 보였다. '이제 다 왔구나!' 하고 안도하는 일행 앞에 이내 넘어야 할 또 하나의 관문이 나타났다. 경사 70도의 비탈진

산길이 동굴을 쉽게 내어줄 수 없다는 듯 우리 앞을 막아섰다. 경사도 높은 데다 크고 작은 자갈들이 있어 앞서 가는 사람이 자칫 발을 잘못 디디면 뒷사람이 크게 다칠 수 있었다. 하지만 이 정도 시련에 또다시 발길을 돌릴 수는 없었다. 이미 너무 많은 시간이 지체됐다. 이번에는 기필코 동굴 속 태극기를 보겠다는 열정으로 똘똘 무장한 채

◀ 태극기 동굴 경사

▲ 태극기 동굴 입구

한 명씩 산을 오르기 시작했다.

긴장 속에서 거의 기어올라가다시피 했지만, 20분 정도 이어진 아찔한 산행 끝에 모든 일행이 무사히 동굴 입구에 도착할 수 있었다. 동굴의 너비는 3m, 높이는 10m로 5~6명이 비바람을 피할 수 있는 곳이었다. 고도는 GPS로 확인해 보니 279m였다. 여기저기 무언가 쓰인 흔적이 있었지만 알아볼 수 없는 것이 대부분이었다. 그 불분명한 흔적들 속에서 마침내 그토록 보고 싶었던 태극기를 찾아냈다. 엄밀히 말하면 현재의 태극기와는 다른 대한제국 시기 태극기가 동굴 입구 오른쪽 벽에서 펄럭이고 있었다. 여러 정황으로 미루어 볼 때, 1915년경에 새겨진 것으로 추정된다.

▲ 동굴에 새겨진 태극기

"이건 먹이나 붓으로 그린 것처럼 매우 선명합니다. 급박한 당시 상황에서 그런 것을 챙겨왔을 리 만무한데, 어떻게 이럴 수가 있는지……"

장석흥 교수가 믿을 수 없다는 표정으로 말했다. 나도 그의 의견에 동감했다. '그렇다면 과연 무엇으로 태극기를 그렸을까?' 하는 물음을 품고 주위를 둘러보니 동굴 여기저기에 널린 검은 돌무더기가 눈에 들어왔다. 그래서 그것을 주워서 벽에 대고 글씨를 써보았다. 제법 제대로 써졌다. 물로 지워 봤지만 원형이 훼손되지 않았다. 정확히 누구인지는 알 수 없지만, 이렇게 돌을 주워 동굴 벽에 태극기를 그리지 않았을까 추측해 볼 뿐이다.

4용사

태극기 옆에는 4명의 이름과 '대한독립군'이란 글씨가 새겨져 있다. 아직까지 이 4명의 구체적인 신원은 밝혀지지 않았다. 다만, 여러 자료로 미루어 볼 때 이들은 나자구 사관

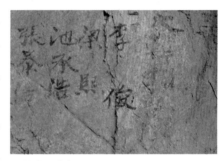

▲ 독립군 명단

학교 학생들이었을 가능성이 크다. 1915년 나자구 사관학교 학생들은 영사 경찰의 급습으로 피난을 떠나야 하는 상황에 처하였다. 신선 동굴은 그들의 여러 피난처 가운데 하나였다. 그들은 이곳에서 생활하며 후일을 도모하고 자신들의 의지를 다지기 위해 태극기와 이름을 새겼을 것이다.

나자구는 지리적으로 러시아령과 가깝기 때문에 독립운동가들이 활동하기 적합한 곳이었다. 유사시에 러시아로 가기 위해 만들어진 독립

운동기지였다. 이곳을 바라보는 남과 북의 시각은 달랐지만, 나자구 사관학교 학생들이 신선 동굴 벽에 새긴 태극기는 역사적 개념 논쟁을 넘어 남과 북에 똑같은 과제를 안겨주었다. 오늘날 우리는 과거를 교훈 삼아 '역사 인식의 간극'이 어쩌면 '통일의 간극'으로 이어질 수 있음을 인식하고 깊이 고민해볼 필요가 있다.

신선 동굴에 새겨진 태극기는 중국 동북지역 독립운동 사적지 가운데 유일하게 남은 태극기 관련 사적지다. 이 태극기가 동굴 속 다른 흔적들처럼 세월의 바람에 지워지지 않게 하기 위해서는 관리와 보호가 절실하다. 다행히 왕청현과 연변자치주 문물관리처에서 왕청현급 문화재로 지정하기로 협의했다는 소식이 들려왔다. 일행은 이 험난한 곳까지 와서 온 마음을 다해 태극기를 그렸을 그들에게 감사와 존경의 마음을 전한 후 산길을 내려왔다.

나자구 사관학교 터

나자구 사관학교 탄생의 중심에는 이동휘가 있다. 이동휘는 함경북도 단천 출신으로 대한민국임시정부 초대 국무총리를 지낸 인물이다. 그는 선교사 그리어슨(R. G. Grierson)의 도움을 받아 1913년 장백현을 통해 중국으로 망명한 후 한국 독립운동의 최전선에서 활동했다. 1914년 4월 이동휘

▲ 이동휘

는 김립, 이종호, 장기영, 김하석, 오영선 등과 나자구에 인적 자원을 확보하기 위해 사관학교를 설립했다. 바로 나자구 사관학교로 '나자구 동림무관학교(東林武官學校)', '대전학교' 등으로도 불린다.

나자구 사관학교는 설립 초기부터 쓰인 정식 명칭이다. '사관학교'는 『독립신문』 67호에 필명 '뒤바보'가 쓴 「김알렉산드라 소전(小傳)」에서 비롯되었다. 『독립신문』 34호 계봉우의 글 「북간도, 그 과거와 현재」에는 '대전학교'라는 명칭으로 소개되고 있다.

> 나자구에는 '대전학교'라는 양무적 기관도 설립되어 80여 건아를 양성하다가 시세가 불리하여 중도에 폐교되었지만 이제는 중국과 러시아 영토에서 위국헌신하는 청년은 그중에서 많이 나왔다고 한다.

나자구 사관학교의 교육 목표는 군사 교육에 바탕을 둔 항일민족주의 교육에 있었다. 교사들이 이동휘를 비롯해 대부분 군사적 경험이 풍부한 사람들이었기에 가능한 일이었다. 운영 경비는 이종호를 비롯해 각계에서 낸 의연금으로 충당했지만, 정기적인 수급이 어려워 목총으로 군사 훈련을 대신하기도 했다. 이런 상황에서 이동휘가 무기 구입을 위해 러시아로 가면서 학교 경영에 큰 타격을 입게 되었다. 결국 1915년 말 나자구 사관학교는 폐교되고 말았다. 그러나 폐교가 곧 끝을 의미하는 것이라고 볼 수는 없다. 나자구 사관학교의 교사와 학생들이 훈춘 대황구 북일학교 건교의 근간이 되었기 때문이다.

대전 수분하강 다리를 건너면 작은 길이 하나 보인다. 이곳을 지나

▲ 나자구 사관학교 터

야 나자구 사관학교 교정에 닿을 수 있다. 여기서 1km 정도 떨어진 수분하 서쪽 언덕 위에 나자구 사관학교 교정이 있다. 부푼 기대를 안고 출발했지만, 곳곳에 해바라기 · 옥수수 · 담배 밭이 있고 잡초와 나무가 우거져 있어 좀처럼 길을 찾기가 어려웠다.

30분 정도 미로 같은 길을 헤맨 끝에 마침내 나자구 사관학교 교정이라 할 수 있는 곳에 일행이 모두 모였다. 오래된 나무들이 울타리를 대신하고 있는 그곳에는 드문드문 기초석이 남아 있었다. 연병장은 학생들 대신 담뱃잎과 해바라기로 가득했다. 머릿속으로 나무를 울타리로 바꾸고, 해바라기를 학생들로 바꿔보지만 좀처럼 사관학교의 전경이 그려지지 않았다. 교사의 모습이나 연병장 형태에 대한 자료가 아직까지 발견되지 않아서 더 그런 것 같다. 연병장 앞에 서있는 한 나무 위로 무언가에 홀린 듯 올라갔다. 동쪽 낭떠러지 아래로 유유히 흘러가는 수분하와 멀리 태평구 전경이 한눈에 들어왔다. 그 순간, 그렇게 그려지지 않던 나자구 사관학교 교정과 일본군을 피해 수분하를 건너 신선동 동굴 입구로 피난을 떠나는 앳된 학생들의 행렬이 꿈을 꾸듯 눈앞에 그려졌다.

나자구 · 태평구 전투 기념비

　　　　나자구전투는 1934년 6월 동북인민혁명군 제2군 독립사 제3연대와 제4연대가 항일구국군과 연합해 벌인 전투로 항일유격 근거지를 확대하는 성과를 거두었다. 나자구전투기념비는 나자

▼ 나자구전투기념비 정면

▲ 나자구전투기념비 후면

구 중학교 교정 앞에 한글과 한자로 각각 세워져 있다.

　나자구에서 동녕(東寧) 방향으로 차를 돌려 2km 가면 태평구전투기념비를 만날 수 있다. 나자구전투기념비와 태평구전투기념비 모두 2005년 8월 15일 해방 60주년을 맞아 왕청현에서 문화재로 등록한 후 건립한 것이다. 중국은 2002년 10월 자신들의 문화유산을 계승하고 애국주의 교육을 실시한다는 취지의 '중화인민공화국문물보호법'을 제1조로 통과시켰다. 애국주의 교육을 위해 지난 역사의 흔적을 보호하는 법을 제1조로 제정하고 실천하는 중국의 이런 모습은 본받아야 할 부분이라고 생각한다. "역사를 잊은 민족은 재생할 수 없다."고 한 단재 신채호 선생의 말씀을 다시금 곱씹어볼 필요가 있다.

　태평구는 지역상 나자구에 속해 있으며, 동녕현·훈춘현과 접해 있어 유격대가 활동하기 좋은 조건을 지니고 있었다. 1935년 6월 동북인민혁명군 2군 제3사와 제4사는 이곳에서 만주국 국군과 일전을 벌여 승리했다. 태평구전투기념비는 나자구전투기념비와 규격이 같다. 아래 기단과 3개의 벽돌을 연이어 놓고, 그 위에 음각한 기념비를 앉

혔다. 한글과 한자로 각각 세워져 있다. 기념비 뒤에서 본 나자구 읍내의 모습은 한국의 평야지대를 연상케 한다. 지금의 나처럼 그 시절독립운동가들도 이 자리에서 그리운 고국을 떠올렸으리라. 잠시 그들이 되어 기념비 주변을 말 없이 둘러보았다.

◀ 태평구전투기념비 정면

▼ 태평구 전경

▲ 태평구전투기념비 후면

Tip

　9월 초의 연변은 옥수수와 해바라기로 뒤덮여 있다고 해도 과언이 아닐 정도다. 중국인들에게 과즈(瓜子)(해바라기씨의 중국어 발음)은 우리의 심심풀이 땅콩과 같다. 장소를 가리지 않고 실내외를 막론하고 손을 부리 삼아 모이를 쪼듯 쉴 새 없이 집어 먹는다. 연길–심양 간 또는 연길–장춘 간 기차를 타면 중국인의 해바라기씨 사랑을 제대로 체험할 수 있다. 연길–심양 간 기차의 총 소요 시간은 14시간이다. 여러 칸이 있지만, 특히 잉줘(硬座)(좌석식)칸은 과장을 조금 보태면 사람 반, 먹거리 반이다. 중국인들이 즐겨먹는 간식거리인 간장으로 절인 오리 목과 닭발, 여기에 해바라기씨 까먹는 소리로 기차 안이 가득 찬다. 그 소음 끝에 남는 건 장렬히 전사한 수많은 해바라기씨 '사체(?)'들. 한국인들에게는 그저 놀라운 광경이다.

하마탕

김상화순국비

　　독립운동가들에게 왕청 지역에서 나자구만큼이나 중요한 거점이 바로 '하마탕(蛤蟆塘)'이었다. 하마탕의 어원에 대해서는 두 가지 설이 있다. 첫 번째는 북하마탕과 남하마탕 사이에 해발 956m의 동사방대산이 있는데, 이곳을 지키는 장군 이름이 '하마'여서 여기서 비롯되었다는 것이다. 두 번째는 이 지역에 북개구리, 이른바 '기름 개구리'가 많아 그리 불리게 되었다는 것이다. '합마(合蟆)'는 개구리를 뜻하는 한자인데, 중국어로 '하마'라 부른다. 동사방대산 위에 불규칙한 산성의 흔적이 있는 것으로 볼 때, 장군 이름에서 나왔다는 설이 조금

◀ 홍일촌, 후하촌 이정표

▲ 하마탕 전경

더 설득력 있어 보인다.

　나자구에서 대흥구진(大興溝鎭)으로 가다보면 두 갈래 길이 나온다. 하나는 '홍일촌(紅日村)', 다른 하나는 '후하촌(后河村)'인데, 이 '후하촌'이 바로 북하마탕이다. 마을로 들어서자 동남쪽에 우뚝 솟은 열사비가 보였다. 열사능원이 여기 있으니 어서 오라 손짓하는 듯했다.

　43 28 22N 129 27 24E

　열사능원의 좌표이다. 우리는 이곳에 '김상화'란 인물의 흔적을 찾기 위해 왔다. 그러나 아무리 돌아봐도 '김상화'란 이름이 쓰인 묘비가 없다. 대신 '김재봉' 묘소가 있는데, 이것이 김상화의 묘소라 한다.

　'김재봉이란 이름으로 묻힌 김상화는 과연 어떤 인물일까?'

▲ 김상화순국비

물음표를 안고, 마을 안으로 들어가면 보는 이를 압도하는 고목 한 그루와 마주하게 된다. 일제가 김상화를 효수한 나무다. 나무 앞에 순국비가 세워져 있는데, 그 뒤편에 그의 일대기가 기록되어 있다.

김상화, 조선족. 1900년 연길현(현재 용정시) 가난한 농민 가정에서 출생하여 1930년 중국 공산당에 가입하였고, 1931년 1월 중공왕청현 위 제2임 서기로 임명되었다. 1931년 2월 2일 하마탕 대방자촌(현재 후하촌)에서 일제 토벌대에 체포되었다. 적들은 쇠고리를 그의 두 엄지손가락에 끼워서 매달아 놓고 때려 뼈까지 드러났다. 적들은 또 고춧물을 먹이고 참대가지로 손톱을 찔렀지만 그는 당의 비밀을 고수하기 위해 시종 침묵을 지켰다. 1931년 2월 5일 적들은 그를 살해한 후 그와 북하마탕 당지부서기 한영호의 머리를 작두로 자른 후 이 버슬나무에 걸어 놓았다. 선열들을 추모하며 후대들을 교육하여 과거를 잊지 않고 오늘을 소중히 여기기 위해 이 비석을 세운다.

여기에 『한국사회주의인명사전』 "김상화"의 내용을 더하면, 그는 연길현 두텁골(후동)에서 태어나 소학교를 중퇴하고 1924년 왕청현 하마탕으로 이주했다. 이후 1931년 2월 중국 군벌 부대 600여 명이 후하촌을 '토벌'하자 왕청현 당위 서기로 활약했다. 김상화는 후하촌의 80여 명의 군중을 구한 뒤 비밀을 지키기 위해 스스로 자기 후두(喉頭)를 칼로 베어 말을 할 수 없게 했다고 한다. 그는 결국 일제에 총살당하고 이 나무에 효수된 것이다.

김상화는 한국독립운동사에서 잊혀진 인물이다. 유가족과 촌민들, 그리고 이 고목만이 그의 순고한 정신을 기억하고 지켜내고 있다. 해마다 청명절이 되면, 유가족과 촌민들이 김상화순국비에 제사를 지내고 있다고 한다. 고목 옆 건물 벽에 쓰인 문구가 마치 역사를 잊고 사는 우리에게 던지는 말같이 느껴지는 것은 못난 후손의 제 발 저림일까.

'생태환경을 진정으로 보존하고 철저한 계획을 실행하자!'
('역사를 진정으로 보존하고 철저한 계획을 실행하자!')

간도국민회 본부

하마탕 독립운동의 중심에는 간도국민회가 있었다. 구춘선(具春先)이 그 선봉을 이끌었다. 1919년 4월 상해에 대한민국 임시정부가 수립되면서 '간도국민회'는 '대한국민회'로 명칭이 변경되었는데, 구춘선이 1919년 대한국민회 회장을 맡았다. 북간도 독립운

▲ 구춘선

동의 파수꾼 구춘선은 1913년 왕청현 하마탕에 한인마을을 개척했다. 그리고 1915년부터 1918년까지 하마탕 교회와 보신학교를 설립했다. 구춘선은 교회를 구심점으로 삼아 독립운동을 전개했는데, 여기에는 그리어슨의 영향이 컸다. 그리어슨은 연해주 전도 여행 때 북간도에 들려 구춘선, 김약연 등을 만나 기독교를 통한 독립운동 방략에 대해 논의했다. 이 영향으로 교회를 독립운동의 본부로 삼아 활동하게 된 것이다.

김상화순국비에서 그리 멀지 않은 곳에 후하촌 간도국민회 본부가 자리하고 있었다. 그러나 당시 본부로 사용된 교회는 이미 헐리고, 다른 건물이 들어선 상태였다. 1920년 봄 이후 본부가 연길현 의란으로 이전했기에 그 흔적이 남아있을 것이란 기대는 처음부터 무모한 것이었는지도 모른다. 아쉬움을 달래기 위해 1930년대 새로 세웠다는 교회당을 찾아 나섰다.

김상화순국비에서 대흥구진으로 50m 남짓 나오면 오른편에 비교적 큰 샛길이 나타난다. 그 길을 따라 50m 정도 가면 낡은 함석지붕을 이고 있는 40평 규모의 건물이 하나 나온다. 흥미롭게도 건물을 정면에서 10m쯤 떨어진 곳에서 보면 사람의 얼굴 모양과 비슷한 느낌을 받을 수 있다. 해방 전 하마탕 한인들의 구심점이었던 이 교회당은 해방 후 정미소로 사용되었다가 지금은 이렇게 방치되고 있다. 미련한 미련

▲ 간도국민회 본부 터

을 버리지 못하고 건물을 샅샅이 조사해 보았다. 하지만 80여 년 전 우리말과 정신이 살아 숨 쉬던 곳임을 보여주는 흔적은 그 어디에도 남아 있지 않았다. 음식을 냉장고에 잘 보관하지 않고 방치하면 썩는 것처럼 역사의 흔적도 잘 보관·보존하지 않고 방치하면 언젠가는 사라지기 마련이다. 이 건물이 내게 '그 당연한 이치를 이 똑똑한 후손들아, 왜 모르는 것이냐?'고 책망하는 듯했다.

하마탕촌개척기념비

　　　　　'하마탕촌개척기념비'는 2단 기단 위에 150cm 크기로 세워져 있다. 기념비 뒤편에는 가슴 아픈 1935년 집단 이주의 역사가 고스란히 쓰여 있다.

▼ 하마탕촌개척기념비

1935년 4월 200여 호 1,000여 명 조선 이민들은 함경북도와 강원도 등 지역에서 부모처자를 이끌고 산을 넘고 물을 건너 낯설은 하마탕에 왔다. 그들은 구슬땀을 흘리며 근면한 두 손으로 황무지를 일구고 수전을 풀면서 하마탕촌을 건설하였다.

하마탕촌개척기념비를 둘러보고 돌아서려는데, 촌장님이 자신의 집으로 우리를 초대했다. 구들이 있는 전형적인 한옥이었다. 벽에는 겨울을 준비하는 장작들이 어른 키 이상으로 쌓여 있었다. 따뜻한 차만큼이나 정겨운 공간이었다. 촌장님이 소책자 하나를 내밀었다. 『하마탕촌 발자취』, 2007년 하마탕 이주 70주년을 기념하기 위해 발행했던 것이라 했다. 여러 글 중 강원도 철원군 외학리가 고향인 정두용의 이야기를 소개한다. 1935년 음력 3월, 그는 만주로 이주할 때 모든 비용을 만선척식주식회사에서 부담한다는 조선총독부의 선전을 보고 집단 이주에 참여했다. 그는 당시 상황을 이렇게 회고했다.

쓸쓸하고 한적하기 그지없는 하마탕 산골에 10리 길 가도 살림집 몇 채 없는 인구가 희소한 골짜기에 …… 이주민 대오가 산굽이에 이르자 만척에서 파견된 담당자가 대오를 멈추어 세우고 큰 돌 위에서 훈시하였다. "이제 곧 하마탕에 도착한다. 하마탕에 도착한 후 모두 통일 지휘에 복종해야 하며 마음대로 외출하지 못한다. 말을 듣지 않으면 벌을 받을 줄 알라."…… 사납고 독이 찬 명령식 어조는 사람들에게 위기감과 공포감을 느끼게 하였다.

꿈을 품고 찾아간 낯선 타지에서 그들을 기다리고 있던 건 "복종해야 하며 마음대로 외출하지 못한다."는 자유의 억압과 "말을 듣지 않으면 벌을 받을 줄 알라."는 공포였다. 그들은 그 모든 위기감과 공포감 속에서 "살림집 몇 채 없는 인구가 희소한 골자기"를 "905헥타르의 경작지(2007년 기준, 수전은 238헥타르)"로 일구었다. '조선인'에서 '조선족'으로 뿌리를 내리고 하마탕에서 살아가고 있는 이들을 우리는 애써 '중국 동포'라 부른다. 이들을 지칭하는 명칭 속에 숨겨진 우리 역사와 인식의 그 복잡 미묘한 문제를 생각해 보는 시간이 필요한 오늘이다.

05
'장백산'이 아닌,
'백두산'으로 가는 길

백두산으로 가는 길 위의 사적지

백두산으로
가는 길
위의 사적지

2008년, 북경에서 백두산으로 쉽게 갈 수 있는 길이 열렸다. 중국이 백두산 인근 무송(撫松) 근처에 장백공항을 건설했기 때문이다. 장백공항이 개통되기 전에는 많은 관광객들이 연길 조양천 국제공항을 통해 북경에서 백두산으로 이동했다. 물론 연길 대신 심양(沈陽)에서 고구려 유적지의 보고인 집안(集安)을 거쳐 무송과 이도백하(二道白河)로 오는 방법도 있다. 하지만 이는 젊은 혈기가 넘치는 사람들이나 이용하는 다소 먼 코스다. 통상 연길-백두산 루트는 2008년까지 안도(安圖)를 거쳐 이도백하에 도착하는 것이 일반적이었다. 그러나 화룡(和龍)-이도백화 간 도로가 포장되면서 이제 안도를 거치는 이용객 수는 사실상 제로에 가깝다.

백두산으로 가는 여정이 점점 더 편해진다는 건 물론 반가운 일이다. 하지만 그만큼 중국의 백두산 끌어안기에 가속도가 붙는 셈이니 우리로

서는 마냥 좋아할 수만은 없다.

▲ 나철

삼종사 묘역

        연길에서 출발해 1시간 20분이면 화룡시에 자리한 청파호(淸波湖)에 도착한다. 청파호는 '청호(淸湖)'라고도 불린다. 고속화도로에서 화룡시가 눈에 들어올 때쯤 청호 이정표를 끼고 좌측으로 돌면 나오는 그리 높지 않은 산 위에 독립운동의 삼총사, 삼종사 묘역이 있다. 나철(羅喆), 김교헌(金敎獻), 서일(徐一)이 모셔진 곳이다.

▲ 김교헌

  오솔길을 따라 올라가니 신발이 금세 흙투성이가 된다. 그렇게 신발에 영광의 상처를 입고 나서야 대종교 삼종사 나철, 김교헌, 서일을 만날 수 있었다. 삼종사 묘역은 2008년 이후 독립기념관의 두 차례 정도의 보수를 거쳐 지금의 모습을 갖추게 되었다. 이곳은 화룡시 문화재로 지정되어 있는데, 2010년 화룡시는 묘역 앞에 새로운 안내판을 세웠다. 거기에는 삼종사를 간략하게 소개하는 글이 쓰여 있다.

▲ 서일

▲ 삼종사 묘역

  1919년 12월 설립된 북로군정서의 주도 세력은 대종교인들이다. 예를 들어 우리에게 잘 알려진 김좌진도 대종교인이다. 사실 삼종사들이 처음부터 이곳에 안치된 것은 아니었다. 나철은 1909년 대종교를 만들어 만주지역에서 포교 활동과 독립운동을 전개했다. 그러다 1921년 황해도 구월산에서 한 편의 시를 남기고 자결한 후 1916년 청파에 이장되었다. 나철에 이어 제2대 교주가 된 김교헌은 1920년 일제의 간도 침공으로 대종교 본부를 흑룡강성 영안현으로 이전했다. 그런데 1923년 병을 얻어 그곳에서 순국했고, 1924년에 이곳으로 안장되었다. 서일은 밀산 당벽진에서 순국했으며, 1927년에 이곳에 안치되었다.

  삼종사 묘역은 한국 대학생들의 탐방 코스에서 빠지지 않는 필수 사적지에 속한다. 우리 역사의 미래를 써나갈 젊은이들이 직접 보고 느끼는 곳이기에 보다 섬세한 관리가 요구된다. 한국인들은 관습상 묘소의 잔디를 벌초하지 않으면 후손된 도리를 못하는 것으로 간주한다. 다행히 삼종사 묘역의 봉분은 연변대학교에서 이 묘소에 관심을 가진 사람들이 주기적으로 벌초를 하고 있다. 우리가 해야 할 도리를 대신 해주는 것이라 부끄러우면서도 한편으로는 무척 고맙다.

삼종사 묘역에서 바라본 청파호는 고요하기만 하다. 마치 아무 일도 없었다는 듯이 말이다. 삼종사들은 고난의 세월을 청파호의 물결처럼 고요하고 담담하게 견뎌냈다. 그들은 오늘도 묵묵히 후손들을 지켜보고 있다. 후손들에게 자신들을 잊지 말라는 무언의 당부와 함께.

청산리항일대첩기념비

화룡(和龍)에는 '용문', '용지', '용수평'처럼 용과 관련된 지명이 많다. 전설에 따르면 박룡과 백두산의 용녀가 서로 조화롭게 사는 고장이라는 의미에서 '화할 화(和)' 자를 써 화룡이라 불리게 되었다고 한다. 화룡 시내에서 청산리로 가는 길은 지금도 비포장이다. 이 비포장을 30분 달려야 비로소 청산리전투지 초입에 다다를 수 있다.

화룡은 지리적으로 백두산 끝자락에 속한다. 지금도 '백두산 송이'하면 화룡산을 최고로 친다. 이것은 그만큼 나무가 울창하고 산세가 험하다는 뜻이다. 아름드리나무를 가득 실은 트럭이 황토색 흙가루를 연신 흩날리며 내려온다. 잠시 후 이번에는 길이 20m 이상의 트럭이 커브에서 짧은 목을 힘겹게 돌리며 내려온다. 이렇게 몇 대의 트럭을

▲ 청산리항일대첩기념비

더 보내다 보면 어느새 청산리항일대첩기념비가 눈에 들어온다.

17.6m. 중국 내 한국독립운동 관련 기념비 가운데 가장 높은 비다. 원래 이 기념비는 청산리전투가 일어난 시점인 1920년의 '192'에 맞춰 높이를 정했다고 한다. 그런데 중국 측에서 너무 높다는 의견이 나와 협의 끝에 지금의 높이인 17.6m로 결정되었다는 것이다. 17.6m 높이에 계단 높이까지 합쳐지니, 청산리 마을 어디에서나 볼 수 있는 명물이 되었다. 다만 기념비 설명문 가운데 중국어로 된 설명문 중앙에 금이 가 있어 교체가 시급한 실정이다.

◀ 기념비문

1920년 10월 21일부터 26일까지 계속된 청산리전투는 백운평에서 시작되었다. 청산리항일대첩기념비는 백운평 전적지에서 남쪽으로 약 5km에 위치해 있는 셈이다. 그런데 일본군은 왜 이 험준한 골짜기까지 독립군을 추격해 왔을까? 그것도 무려 6일간이나. 그 해답의 실마리는 일본어전회의에서 결정된 '간도지방 불령선인 초토계획(間島地方不逞鮮人 剿討計劃)'에서 찾을 수 있다. 그에 따르면 대륙 침략에 걸림돌이 되는 한국독립군을 제거하는 것이 일제의 궁극적인 목적이었다. 이를 실행하는 과정에서 발생한 사건이 바로 청산리전투였던 것이다.

  광주대학교 조필군 교수는 청산리전투야말로 '독립군 정규군과 일본군 정규군 간 벌어진 처음이자 마지막 전쟁'이라고 명쾌하게 규정한다. 독립군 부대 약 2,800여 명, 일본군 부대 5,000여 명의 드라마틱한 전투 장면은 북로군정서 이범석의 자서전『우둥불』에도 생생하게 기록되어 있다. 산세가 험해 일본군이 가졌던 야산포가 유명무실했던 상황에서 1905년 개발된 38식 총과 구경 7.62mm의 중기관총은 매우 위력적이었다. 거기에 훌륭한 전술까지 더해졌으니 청산리전투는 시작부터 독립군의 승전이었다. 다음은 2013년 독립기념관에서 정리해 발간한 『청산리대첩, 이우석 수기』에 나오는 청산리전투의 한 장면이다.

  ▲ 이우석 수기

청산리 백운평에 도착한 것은 음력 9월 9일이다. 적병이 무산 간도에 들어온다는 정보가 있어 전방 입구에 방어진을 구축하고 전투 준비를 하던 중 왜적 부대가 후방으로 우회작전을 하는 것 같다는 정보가 있으므로 포위하려는 것을 깨닫고 우리는 후퇴하여 산중으로 들어갔다. 우리 군대는 안도현으로 간다고 한다. 그런데 식량을 구하려고 밤중에 감자를 운반하기로 하고 결사대 60여 명을 뽑아 감자 구덩이를 찾아 밭으로 갔다. 밤새도록 가져온 감자는 한 사람에게 20개씩 돌아갔다. 1일 1식 3개 이상 못 먹는다고 명령이 내려졌다. 우리 중대는 적군과 싸웠다. 여기서 본대와 합류되었다. 적의 기병을 섬멸하였으나 적에 포위는 벗어나지 못하였다. 적이 우리를 포위한 줄 알고 공격하면 독립군은 교묘히 빠져나가고 저희들은 자상자천(自像自踐)으로 자멸하기도 한다. 3일간 전투에서 적은 겁이 나서 어쩔 줄 모르는 형편이다. 우리 군대의 복장이나 모자가 비슷함으로 완루구 전쟁에서는 안개가 잔뜩 낀 가운데 무분별로 저희끼리 싸워 죽기도 하였다. 우리는 기적으로 포위를 뚫고 살았다. 먹지 못하고 자지 못하고 싸웠다. 주민들에 주먹밥을 얻어먹고 싸웠다. 이 비 오듯 하는 중에 치마 자락의 주먹밥을 던져주는 애국 부인들은 독립군의 용기를 백배나 나게 했다.

기념비 아래 길을 따라 위로 올라가다 보면 어랑촌(漁郎村)에 이르기 전 직소폭포를 만나게 된다. 여기서 산비탈을 조금 올라가면 1985년 화룡시에서 건립한 목재로 만든 청산리대첩기념비가 나온다. 백운평전투 현장과 가까운 곳이다. 문득 산속 깊숙이 들어와 있다는 느낌을 받았다. 순간, 당시 이곳까지 독립군을 추격해 온 일본군의 집요함에 등골이 서늘해졌다.

백두산

이도백하는 본격적인 백두산 탐방의 첫 관문이다. 이도백하에서 백두산 매표소까지 차로 40분 정도 소요된다. 이어지는 길 좌우에 산장들이 듬성듬성 들어서 있다. 드디어 저 멀리 백두산 매표소가 보인다. 1993년 등소평이 쓴 '장백산' 글씨가 우리를 마중 나와 반겼지만, 우리에게는 그리 반갑지 않은 마중이었다.

어느덧 시간은 오후 3시 반을 지나고 있었다. 천지까지 등반하기는 빠듯한 시간이다. 하지만 천지는 맑은 날이 많지 않기에 '오늘이 아니면 맑은 천지를 볼 수 없을지도 모른다!'는 절박함이 일행을 거침없이 백두산으로 향하게 했다. 백두산 산행 비용은 입장료와 지프차 값을 합해 약 260위안(한화 46,000원) 정도 든다. 문득 '백두산이 이들에게는 돈이구나!'라는 생각이 들었다. 길게 늘어선 지프차 대열을 보니 그 생각이 더욱 짙어진다. 2002년 8월 관람객이 직접 차를 끌고 천지에 올랐다가 내려오는 길에 사고가 났다고 한다. 그 이후로도 끊임없이 사고가 발생해 이제는 전문기사가 모는 지프차를 타지 않고서는 천지를 볼 수 없게 됐다. 보통 여섯 명이 한 차에 오르면 출발한다. 지프차의 거침없는 곡예운전에 승객들은 짐짝처럼 이리저리 쏠리는 불편함과 떨어질 듯한 아찔함을 감수해야 한다. 거대한 나대지에 도착하자 지프차는 사람들을 토해내고 다시 순번을 기다린다.

백두산 천지는 변화무쌍하다. 구름이 걷히면서 드러나는 천지의 파

▲ 비룡(장백) 폭포

란 속살은 경이로움 그 자체다. 하지만 이내 관람객의 시선이 부끄러운지 구름을 드리우며 살포시 모습을 감춘다. 그 변화를 지켜보는 이들은 그 신비로움과 경이로움에 감탄하게 된다.

겨울이 되면 백두산은 또 다른 얼굴로 관람객을 맞이한다. 겨울에는 특히 광동성 사람들이 백두산을 많이 찾는다. 지역 특성상 눈을 구경해보지 못한 사람들이 많기 때문이다. 이때는 눈사람 모양의 조각도 볼 수 있다. 불도저와 포클레인이 눈을 모아 2단으로 단단히 쌓으면, 조각가가 멋들어진 솜씨를 입힌다. 웅장함과 멋스러움이 어우러지니 금세 대단한 작품으로 거듭난다. 겨울철 백두산 장백폭포의 위엄은 생명력에 있다. 영하 50도 추위에도 얼지 않고 숨구멍을 통해 연신 물을 쏟아내는 폭포의 모습은 자연의 신비함을 경험하게 한다.

하지만 안타깝게도 백두산과 한반도의 심리적 거리는 점점 멀어지고 있는 것 같다. 중국은 백두산에 약 3년간 전문가를 파견해 양질의 샘물을 찾아냈다. 그 결과 만들어진 생수 브랜드명이 '농부산장(農夫山庄)'이다. 규모가 제법 크다. 중국 정부는 이 회사를 위해 백두산에 철로까지 깔아주었다. 최근 〈별에서 온 그대〉라는 드라마로 중국 내 한류스타로 떠오른 전지현과 김수현은 '백두산 물'로 인해 논란의 중심

에 서기도 했다. 중국 헝다그룹의 백두산 광천수 '헝다빙촨(恒大氷泉)'
의 전속 모델로 계약한 것이 문제가 된 것이다. 광고에는 "저를 좋아하
면 헝다빙촨을 마시세요. 매일 물을 마시고, 차를 내리고, 밥을 할 때
당신을 아름답고 건강하게 합니다. 진짜 광천수, 정말 맛있어요."라는
성우의 내레이션과 함께 김수현이 운동 후 해당 생수를 마시는 모습이
담겨있다. 마지막에는 김수현이 직접 중국어로 "너만을 사랑해, 헝다
빙촨"이라는 말도 한다. 문제는 이 생수의 취수원이 '장백산'으로 되어
있다는 데 있다. 중국은 백두산이라는 명칭을 인정하지 않고, 장백산
이라 부르고 있다. 백두산에 대한 중국의 역사적·경제적 선점이 무섭
게 진행되고 있는 것이다.

　그런데 "동해물과 백두산이 마르고 닳도록"으로 시작하는 애국가를
부르는 우리는 지금 무엇을 하고 있는가. '장백산'이 아닌 '백두산'에
오르기 위해서 우리가 무엇을 해야 할지 진지하게 고민해 봐야 할 시
점이다. 부디 너무 늦지 않기
를 바랄 뿐이다.

> ## Tip
> 백두산을 찾는 단체 관광객들은
> 어김없이 '강원도' 또는 '진달래'라는
> 한국 음식점에 들른다. '강원도' 식당
> 의 메뉴는 통닭찜, 돼지고기, 생선튀
> 김, 모두부, 채소, 목이버섯, 된장찌개
> 등이다. '진달래'의 메뉴도 통닭찜을
> 제외하고는 거의 비슷하다. 단체 관광
> 패턴이 바뀌지 않는 이상 이러한 현상
> 은 6월에서 9월까지 매년 반복된다.

06

중국 유일의 조선족자치현 **장백현,**
그리고 **무송현**

이동휘와 푸른 눈의 선교사
장백현에 핀 독립의 꽃
무송현에서 백산무관학교를 찾다

이동휘와
푸른 눈의
선교사

"성재 선생, 하느님의 크신 은혜가 항상 함께 하실 겁니다. 강건하세요."
"고맙습니다. 선교사님도 이 땅에 더 큰 복음을 내려주시길 바랍니다."

여기 아쉬운 작별의 악수를 나누는 두 사람이 있다. 눈동자 색은 다르지만, 서로를 걱정하는 진심 어린 눈빛만은 형제처럼 닮아있는 두 사람이다. 한국인 성재(誠齋) 이동휘와 캐나다인 그리어슨[R. G. Grierson, 한국명: 구례선(其禮先)], 두 사람의 특별한 인연을 추억해 본다.

1868년 캐나다에서 태어난 그리어슨은 맥켄지(Mackenzie)의

▲ 이동휘

▲ 그리어슨

후임으로 1898년 7월 한반도에 첫발을 내딛었다. 그때 그리어슨은 이 낯선 동방의 땅에서 자신이 37년이나 살게 될 줄 알았을까? 그는 선교의 불모지 한국 땅에 '기독교'라는 꽃을 피우기 위해 열과 성을 다했다. 그 과정에서 그는 나라를 빼앗긴 한국 땅에 '독립'이라는 꽃이 피어나는 데도 영향을 미치게 되는데, 이동휘에 대한 후원이 그 한 예이다.

1909년 9월 이동휘는 함경도로 향했다. 표면적으로는 교육 부흥을 도모하기 위함이었지만, 기독교 전도 활동에 보다 적극적으로 참여하기 위한 행보이기도 했다. 이동휘는 강화도에 머물던 시절 기독교에 입문하여 '하나님의 은총과 도움 없이는 이 나라를 구할 수 없다.'는 굳은 신념을 지니고 있었다. 어쩌면 이동휘가 하나님을 만난 그 순간부터 그리어슨과의 만남은 이미 정해진 일이었는지도 모른다.

이동휘와 그리어슨의 첫 만남은 함경도에서 이루어졌다. 이동휘는 그리어슨을 찾아가 자신을 기독교 전도인으로 채용해 달라고 말했다. 다른 기독교 선교회에 비해 관할 지역이 넓어 전도에 어려움이 많았던 그리어슨 측에서는 그를 축복으로 받아들였다. 이동휘는 밤낮을 가리지 않고 열정적으로 기독교를 전하러 다녔다. 그의 노력에 힘입어 함경도 이원·단천 등지에 기독교 신자가 늘어나 교회들이 세워졌다.

열정적으로 전도를 다니던 이동휘에게 어느 날 그리어슨은 북간도 선교 여행을 권했다. 이동휘는 그리어슨과 한아청삼국전도회(韓俄淸三國傳道會)의 후원 아래 성진(城津), 간도 지방에서 복음 및 교육 사업을 전개하게 된다. 한아청삼국전도회는 캐나다장로선교회가 한국, 중국,

러시아 3개국 선교를 목표로 설립한 단체다. 이동휘는 1911년 1월 김철, 오상언 등과 성진을 떠나 회령에서 5일간 포교한 후 1월 26일 간도로 이동했다. 그리고 1911년 1월 말부터 한 달 동안 북간도 교회들을 다니며 기독교 입교, 조국애, 한인들 간의 일치단결을 역설했다.

이동휘는 계봉우, 오영선, 장기영, 도용호, 김하구, 정창빈 등 30여 명을 '기독교 포교'라는 표면적인 목적하에 북간도로 망명시키는 일에도 힘썼다. 사실 이동휘는 본인의 망명도 계획했지만, 일제의 감시로 쉽게 실행에 옮길 수가 없었다. 이때 그리어슨이 이동휘의 든든한 조력자로 등장한다. 1913년 초 이동휘는 혜산진(惠山鎭)에서의 부흥사경회를 틈타 농부로 변장하고 압록강 상류를 건너 망명에 성공하는데, 이때 그리어슨이 결정적인 역할을 한 것이다. 『간도독립운동비화』(홍상표, 1990)에는 그때의 이야기가 생생히 실려 있다. 감독 그리어슨의 지도하에 주연 배우 이동휘와 조연 배우 교인들이 만들어낸 영화보다 더 영화 같았던 우리 역사의 이야기다.

갑산군 혜산진 교회에서 열리는 부흥사경회에 구례선 박사와 성재 선생이 동행하게 되었다. 성재 선생을 맞는 부흥회는 많은 관심으로 대성황을 이루었고 일경은 일경대로 긴장하였다. 그러나 성재 선생은 복음 전도에만 열변을 토할 뿐 민족적 색채를 조금도 보이지 않았다. 3, 4일을 지내본 후 일경은 안심하고 방심하게 되었다. 이때를 이용하여 구례선 박사는 혜산진 건너편 장백부에서 온 교인과 짜고 밤중에 성재 선생을 망명시킬 것을 꾀하였다. 혜산진을 밤중에 도강할 배와 사공을 마련하였고 도강

후 안내를 할 사람도 마련하였다. 그리고 구례선 박사는 사공에게 줄 후한 사례와 여비까지 마련하여 주었다.

그날 밤 모든 계획이 어김없이 이루어져서 성재 선생은 무사히 도강하여 기다리고 있던 안내인에게 안내되었다. 농부로 변장한 성재 선생은 간도 명동으로 무사히 망명하게 되었다. 이튿날 일경은 성재 선생이 자취를 감춘 데 대하여 수색을 폈으나 구례선 박사나 사공이나 모두가 태연하며 한결같이 모른다고 잡아떼었다. 일경은 구례선 박사에게 손을 댈 수 없어 이 수사는 미궁에 빠지고 말았다.

일행은 장백현(長白縣) 답사 전 그리어슨 감독이 만든 '이동휘 탈출기(?)'의 주 무대인 혜산진에 눈을 잠시 돌렸다. 초입에 세워진 '강성대국, 선군의 요구대로'라고 쓰인 횃불 모양의 을씨년스러운 선전물 때문

▼ 장백현(좌)과 혜산진(우)

이었을까? 혜산진은 양강도 도청 소재지이지만, 마치 소읍으로 전락한 느낌을 풍겼다. 저곳 어딘가에서 서로의 앞날을 축복하며 뜨거운 인사를 나누었을 이동휘와 푸른 눈의 선교사를 떠올려본다. 자라온 환경도, 생긴 모습도 전혀 다른 두 사람을 형제처럼 묶어준 것은 과연 무엇이었을까? 신을 향한 믿음, 그리고 정의를 향한 강한 믿음이 아니었을까.

그리고 또 하나 우리가 절대 잊지 말아야 할 것이 있다. 우리의 독립에는 우리가 알지 못한, 생각지도 못한 이들의 수많은 도움이 있었다는 사실이다. 영화에서는 주연 배우만 기억되기 쉽다. 하지만 영화는 주연 배우 한 사람의 힘만으로는 결코 만들어질 수 없다. 잠시 눈을 감고 '대한민국의 독립'이란 영화가 탄생하기까지 뒤편에서 묵묵히 힘써준 수많은 이들에게 진심어린 감사를 전해본다.

장백현에 핀 독립의 꽃

정몽학교

      장백현은 '중국 유일의 조선족자치현'이다. 그래서 대부분의 이정표와 상품 간판에 한글·한자가 병기돼 있다. 물론 연변 자치주처럼 병기가 잘되어 있는 편은 아니지만, 이곳이 조선족 집거구임을 알 수 있을 정도의 구색은 갖추고 있다. 장백현은 그 생긴 모양새

▼ 장백현 거리

도 조금 특이하다. 백두산과 중강진 사이에 주머니 모양으로 끼어 있는데, 압록강 물길에 의해 만들어진 것으로 추정된다.

함경남도 단천 출신인 유일우(劉一憂)와 이동휘도 이곳 장백현에 머물렀다. 당시 장백현에서는 이동휘의 영향력이 매우 컸다. 유일우는 이동휘보다 나이가 많았지만 그에 대한 존경심을 가지고 있었다. 이에 그는 학교 교육을 통한 독립운동에 힘을 보태기로 결심한다. 정몽학교(正蒙學校)가 바로 그 결실이다. 한인 서당으로 출발한 이 학교에 '정몽'이란 이름이 붙은 건 1918년의 일이다. 장백현 지사 마홍량(馬鴻亮)이 중국인 학교와 구별하기 위해 '정몽'이란 타이틀을 붙인 것이다. 이후 정몽학교는 대한독립군비단, 광정단원을 배출해내는 민족교육기관으로 성장했다.

이른 아침 일행은 장백현에 핀 독립의 꽃 정몽학교를 찾아 나섰다. 우리의 첫 번째 나침반은 '정보'였다. 이 나침반은 정몽학교의 후신으로 알려진 장백현 '제1소학교'로 우리를 안내했다. 제1소학교는 장백대가 49호에 있었다. ▼ 장백조선족 제1소학교

교감선생님은 우리를 반갑게 맞아주고는 장백현에서 일어난 한국 독립운동의 이야기를 들려주기 시작했다. 그런데 이 이야기는

전혀 예상치 못한 결말로 우리를 혼란스럽게 했다.

"사람들은 이곳을 제1정몽학교로 알고 찾아오는데, 조선족 촌로들은 이곳이 제1정몽학교가 아니라고 말해요."

교감선생님은 조선족학교인 제2소학교에 가면 정몽학교의 흔적을 찾을 수 있을지도 모르니 한 번 가보라고 말해주었다. 길을 잃은 우리는 두 번째 나침반의 안내에 따라 서둘러 녹강로에 위치한 제2소학교로 이동했다. 4층 건물의 학교 정문에는 '제2소학교' 현판이 달려 있었다. 물론 한글과 한자로 병기돼서 말이다. 학교 운동장은 조선족 학생들의 시끌벅적한 목소리로 가득 차 있었다. 낯선 손님의 방문에도 아랑곳하지 않고 신나게 공차기를 하는 천진난만한 아이들의 모습에서 잠시 길 잃은 불안감을 잊을 수 있었다. 우리는 학교 교무실로 가 선생님들에게 방문 목적을 알렸다. 하지만 제2소학교 선생님들은 모두 난감한 표정을 지을 뿐이었다. 길 잃은 아이처럼 말없이 서있는 우리가 안쓰러웠던 것일까?

선생님들은 우리의 세 번째 나침반이 되어 '장백조선족협회'를 찾아가보라고 권했다. 우리 여정에 먹구름과 해가 반복해서 뜨고

▼ 장백조선족 제2소학교

있었다.

제2소학교에서 그리 멀지 않은 건물 2층에 자리한 조선족협회에는 노인들이 가득했다. 우리는 그들에게 지푸라기라도 잡는 심정으로 사정을 설명했다. 그런데 이게 웬일인가? 하늘도 우리가 가여웠던 것일까? 그 자리에 있던 노인들 가운데 정몽학교 출신이 있었다. 1936년생 박형호 옹이다. 드디어 제대로 된

▲ 박형호 옹

'진짜 나침반'이 나타난 것이다. 박형호 옹은 흔쾌히 우리의 나침반이 되어주기로 하셨다. 그는 우리를 10m가량 앞지르며 연신 "빨리와요!"를 외쳤다. 열정적으로 성큼성큼 걸어가는 그의 뒷모습에서 정몽학교에 등교하던 그 시절 한 소년의 모습이 그려졌다.

그를 따라가다 보니 어느새 녹강거리[綠江村]에 서있었다. 시내에서 17도구로 가는 길로 접어드는 변두리 지역이다. 녹강가 25호를 끼고 우측으로 30m 정도 들어가자 일렬로 늘어선 단층짜리 구형 가옥들이 나타났다. 그때 박형호 옹이 걸음을 멈추고 우리를 돌아보며 말했다.

▲ 녹강촌 팻말

"저곳에 당신들이 찾는 정몽학교가 있었소."

나침반의 바늘이 가리킨 최
종 목적지는 작은 소학교였다.
이곳이 정몽학교 옛터라고 했
다. 그러나 아쉽게도 정몽학교
의 흔적은 그 어디에도 남아있
지 않았다. 올바른 나침반이 없
었다면 결코 찾을 수 없는, 그
냥 지나쳐 버리고 말았을 그런
장소였다.

▲ 정몽학교 터

"비록 형체는 없지만, 그 정신만이라도 지켜야 하지 않겠소?"

박형호 옹은 후손들이 '정몽학교'를 잊지 않도록 녹강촌 입구에 표지
석이라도 설치했으면 좋겠다고 말했다. 그러나 우리는 그에게 "꼭 그
렇게 하겠습니다."라는 확신에 찬 말을 전하지 못했다. 그저 부끄러움
을 삼킨 침묵으로 고개를 끄덕일 뿐이었다.

세상에는 수많은 나침반이 있다. 첨단 정보와 장비로 무장한 그런
나침반들이 가득하다. 그러나 역사의 현장을 세포 하나하나로 기억하
는 박형호 옹과 같은 살아있는 나침반은 시간의 절벽에 밀려 하나 둘
사라지고 있다. 소중한 나침반을 소홀히 다룬 대한민국은 오늘도 가야
할 곳은 정작 가지 않은 채 여기저기 길을 헤매고 있다.

대한독립군비단 터

장백현 지도를 보면 유난히 '도구(道溝)'가 많다. 9도구부터 23도구까지 있다. 중국인들은 만주 지역 통치를 위해 행정 지역을 개편하면서 편의상 물길을 따라 '도구'라고 명명했다. 예로 용정은 '6도구'로 불렸다. 장백현은 압록강이 만든 크고 작은 물길이 많아 다른 지역에 비해 도구가 더 많다. 우리 독립운동 단체들은 바로 이 도구를 따라 촘촘히 위치해 있었다. 대한독립군비단(大韓獨立軍備團)도 그중 하나였다. 일본외무성 외교사료관 1920년 1월 보고서에는 대한독립군비단이 "1919년 11월 1일 장백현 17도구 왕가동(왕개골) 동평덕(동평더기) 이동백 집에서 결성"되었다고 나온다. 장백현 17도구가 소재지로 알려진 대한독립군단의 시작은 이러했다.

1919년 9월 12일 동평덕에 이동백(李東伯)과 이태걸(李泰杰) 등이 모였다. 그들은 민주공화국 건설을 위해 최후의 일각까지 함께 싸울 것을 결의하는 책임자대회를 열고 강력한 무장투쟁 의지를 천명했다. 여기서 탄생한 조직이 바로 '대한독립군비단'이었다. 대한독립군비단은 장백현에서 연해주로 군대를 파견하기도 했다. 이는 장백현의 지리적 열세를 극복하고 군비단 활동의 외연 확대 및 운동의 대승적 승화를 위함이었다. 대한독립군비단은 연해주 이만전투에서 혁혁한 공을 세울 정도로 매우 용맹했다. 일제는 이들의 활동을 경계하며 강력히 대응했다. 당시 대한독립군비단원으로 연해주에 파견되었던 강상진(姜相震)은 독립군의 고단함을 이렇게 표현했다.

그 실없고 무지하고 각성이 없는 놈들과 해볼 딴 수작도 없지만 이러한 애로를 극복하기 위하여 독립군들은 참을성을 다하고 제 지방 주권 대접을, 육군들과는 융화책을 꾸준히 써왔지만 도무지 무효하고 일본의 토벌 세력은 날에 날마다 창궐해 온다. 자초부터 놈들이 독립군을 잡아서 일본에 팔아먹는 숫자인들 얼마랴.

강상진은 중국 병사들이 독립군을 체포해 돈을 받고 일제에 넘겨주는 현실을 개탄했다. 고단했던 독립운동의 생을 마감한 그는 현재 러시아 모스크바 프레지노(Friazinoskoye) 공동묘지에 묻혀 있다. 그런데 그의 묘비에는 과거 행적에 관한 어떠한 설명도 없이 오직 '강상진(1897~1973)'만 새겨져 있다. 대한독립군비단원으로서 나라의 독

▲ 강상진

립을 위해 힘쓴 강상진이 어찌 '강상진' 이름 석 자만으로 기억될 수 있는 걸까? '과거를 잊어버리는 자는 그것을 또다시 반복하게 된다.'는 말이 있다. 우리가 독립군 강상진의 과거를 이렇게 잊는 다면, 지난 시기 치욕스러운 과거 또한 다 시 반복될 수 있음이다. 이런 생각을 안 고 더욱 비장하게 대한독립군비단의 흔 적을 찾아 나섰다.

▲ 모스크바 프레지노 강상진 묘

일행은 나침반이 올바르지 않아 헤맸던 지난 여정의 고충을 기억하
며, 정몽학교 출신 박형호 옹에게 다시금 도움을 청했다. 그의 합류로
더없이 든든해진 우리는 힘찬 발걸음으로 대한독립군비단 소재지를 찾
아 나섰다. 그렇게 얼마를 갔을까? 어느덧 장백현 금화향(金華鄉) 17
도구 삼포동(三浦洞) 북쪽 10km 지점까지 이르렀다. 박형호 옹은 태
양촌에 거의 다 왔다며 길을 재촉한다. 그리고 태양촌에 도착하자 이
제는 길인지 산인지 모를 장소로 우리를 이끈다. 그렇게 가다보니 어

느새 야생 산딸기 군락이 나타났다. 고단한 여정에 뜻밖에 나타난 오아시스 같은 산딸기로 재충전을 하고 다시 길을 나섰다. 그렇게 얼마를 더 가니 한눈에 봐도 인삼밭임을 알 수 있는 장소가 보였다. 드디어 동평덕이 나타난 것이다.

▼ 대한독립군비단 터

1140m. 41. 32. 22. 128. 01. 46.

"위만주국 이전에는 조선인들이 많이 살았어요. 그런데 일제가 집단 부락을 설치하면서 전부 태양촌으로 강제 이주됐어요. 태양촌은 해방 후 50년 가까이 무인지경이었지요. 그러다 1990년대 초 장백현에 인삼 재배 붐이 일면서 태양촌 사람들이 동평덕 삼림을 인삼밭으로 개간했어요."

박형호 옹의 설명을 들으며 동평덕 여기저기를 둘러본다. 하지만 그 어디에도 대한독립군비단의 흔적은 없었다. 그저 무성한 나무에 둘러싸인 대규모 밭의 인삼들만 햇살에 자신의 몸을 뽐내고 있을 뿐이었다. 대한독립군비단의 과거는 비단 이 땅에만 묻혀 있는 것이 아니다. 우리 기억 속에도 대한독립군비단의 과거가 묻혀 있다. 우리는 그 과거를 잊은 채 동평덕의 인삼들처럼 제 모습을 뽐내며 살아가고 있다. 인삼밭 사진 한 장 찍고 동평덕을 내려온 나를 '과거를 잊어버리는 자는 그것을 또다시 반복하게 된다.'는 말이 공포영화 속 주문처럼 하루 종일 괴롭혔다.

무송현에서
백산무관
학교를 찾다

백산무관학교 터

       만주보민회(滿洲保民會)는 남만주에서 활동한 대표적인 친일 단체다. 그들의 활동은 실로 잔인무도했다. 만주보민회 회원들은 무기를 소지하고 항일 단체를 수색했고, 그 과정에서 살인과 방화를 일삼았다. 만주보민회는 조선 총독에게 '일본인과 조선인을 융화하기 위해' 독립군을 중국에서 축출해야 한다고 역설했다. 이들의 저인망식 공작 사업은 신빈을 중심으로 통화, 유하, 환인, 관전, 장백까지 확대되었다. 만주보민회의 마수가 장백현까지 미침에 따라 대한독립군비단은 무송(撫松)으로의 이전을 결정하게 된다. 이후 대한독립군비단은 '광정단(光正團)'이 되는데, 광정단의 무장 인재 양성소가 바로 '백산무관학교'다. 국어 학자이자 독립운동가인 이극로(李克魯)의 회고 속에서 우리는 백산무관학교의 단서를 찾을 수 있다. 그는 1914

년 무송현에서 보낸 1년간의 생활을 이렇게 회고했다.

> 내가 무송현에서 1년 동안 지낸 생활은 평생 잊지 못할 큰 훈련을 받은 의미 깊은 생활이었으니 때로는 백산학교에서 교편을 잡기도 하였고 때로는 백두산에서 사냥꾼도 되었다. 이 백산학교는 우리 동포가 경영하는 초등과와 고등과가 있는 소학교인데 교주인 김성규 씨는 이곳의 명망가다. 이분은 독립군 관계로 3·1운동 때 간도에서 일적에게 산중에서 피살되어 시체도 못 찾았다. 이 백산학교 교원 기숙은 곧 조선 독립군의 대본이 되어서 여기에 집중되어 출입하던 인물은 윤세복 씨를 중심하여 이진룡, 김동평, 김호익, 성호, 차도선, 이장녕 제씨로 의병 명장들이었다.

▲ 이극로

장백현에서 압록강을 끼고 서북쪽으로 2시간 30분을 달리자 '세계 인삼축제' 포스터가 하나 둘 나타나기 시작했다. 무송현 초입에 다다랐음을 알 수 있다. 일행은 이극로가 남긴 단서를 따라 무송현 대진동 동차구(大鎭洞 東岔區)에 도착했다. 작은 기대를 안고 백산무관학교의 흔적을 찾아 이곳저곳을 살펴보았지만, 그 실체가 좀처럼 손에 잡히지 않았다. 우리는 지푸라기라도 잡은 심정으로 무송현 인민정부를 찾아갔다. 하지만 너무 늦게 찾아온 후손들에게 돌아온 답은 '모른다.' 뿐이었다. 그동안 무송 지역은 독립운동사적지 조사에서 많은 관심을 받지 못했다. 이제 와서 누구를 탓하겠는가.

일행은 결국 아무런 단서도 얻지 못한 채 밖으로 나왔다. '이제 어디에서 어떻게 백산무관학교를 찾는단 말인가?' 하는 막막한 생각에 인민정부 앞 계단에 털썩 주저앉았다. 인민정부 광장을 둘러보니 '무송세계인삼축제'가 열린 흔적이 보였다. 중국은 백두산에 이어 인삼까지 공략하고 있다. 앞으로 세계 시장으로 뻗어 나갈 중국 인삼의 행보가 궁금해진다. 인삼 종주국 한국은 어떻게 대응해야 할까? 이곳 인삼축제를 알리는 현수막과 안내판이 비록 초라하기는 하지만, 결코 만만하게 볼 수는 없다. 무송현에는 '중국 인삼의 고향 무송현'이라고 적힌 입간판이 여기저기에 세워져 있다.

이렇게 다른 나라는 남의 것도 자기 것으로 만들어 지키기에 안간힘인데, 우리는 지금 무엇을 하고 있는가. 남의 것은커녕 우리 것도 제대로 지키지 못해 하나 둘 잃어버리고 빼앗기고 있다. 백산무관학교를 잃어버리고 앉은 자리에서 우리의 무관심으로 곧 잃어버리게 될 또 하나의 우리 것을 본 것 같아 마음이 더욱 무거워졌다.

▼ 무송현 인민정부

07

독립군과 의병기지, 신빈현·
환인현·관전현

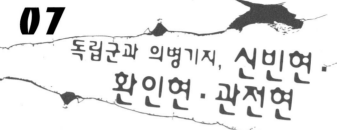

신빈현

환인현

해성시 묘관툰

관전현

남만주의 작은 거인, 양세봉 흉상

신빈현 인민정부 서쪽에는 '허투아라(赫圖阿拉)'라는 성이 있다. 고구려에 비하면 성곽의 규모나 기술이 조금 뒤쳐지지만, 역사적으로 이곳은 중국에 매우 중요한 장소로 국가문화재로 지정돼 있다. 청나라의 창건자 누루하치(努爾哈赤)가 만주족을 모아 청 제국으로 가는 초석을 다진 곳이기 때문이다. 요녕성에는 몇 개의 만주족 자치현이 있지만, 그 가운데 신빈현은 상징적인 면에서 다른 현을 압도한다.

일행은 신빈현 왕청문 조선족소학교[화흥학교(化興學校)]를 찾았다. 신빈현 왕청문은 정의부 본부가 자리했던 곳이다. 안타깝게도 왕청문 조선족소학교 교정에서는 아이들이 뛰노는 모습을 볼 수 없었다. 2005년에 이미 폐교됐기 때문이다. 조선족학교로 뿌리를 내린 이곳은 해방 후 그 명맥을 유지하는 듯 했지만, 더 이상 자라지 못한 채 말라버리고 말았다. 운동장에는 아이들 대신 모래더미가 여기저기 쌓여 있어 공사장에 온 듯한 착각이 들 정도였다. 그때 한 켠에 쓸쓸히 서있는 한 사람의 뒷모습이 눈에 들어왔다. 조선혁명군 총사령관 양세봉(梁世鳳)의 흉상이었다. 그는 어찌하여 이곳에 홀로 남겨지게 된 것일까? 그 사연은 이러하다.

▲ 양세봉 흉상(왕청문 조선족소학교)

1995년 중국 조선민족사학회를 필두로 왕청문조선족 인민정부, 그리고 북경을 비롯한 중국 전역의 조선족이 하나의 일에 마음을 모았다. 바로 한·중 양국의 상징적 존재인 양세봉을 추모하는 일이었다. 그들에게 양세봉은 민족 자긍심의 발로였기 때문이다. 양세봉 흉상은 왕청문 조선족소학교 안에 높이 3m의 좌대 위에 놓였다. 흉상 주위 담벼락에는 '면회항일영렬, 교육자손만대'라는 글귀가 새겨졌다.

그런데 여기서 잠깐, 한국독립운동사 인물 가운데 남한의 국립현충원(허묘)과 북한의 애국열사릉에 동시에 모셔진 인물은 양세봉이 유일하다. 그는 과연 어떤 인물이기에 남과 북, 그리고 중국에서까지 이렇게 추모를 받는 걸까? 만주국의 군대가 신빈현 턱밑까지 왔을 때 양세봉은 조선혁명군 총사령관으로서 항일 최전선에 있었다. 그때 그가 부른 노래가 〈조선혁명군〉이다. 음악 선생 출신으로 독립군가 채록에 힘쓴 전정혁 관장이 수집한 노래 가사를 잠시 감상해 보자.

동무야 잘 싸웠다. 조선의 혁명군
총 끝에 번쩍거리여
악마의 왜놈들을 쳐부수던 밤
입술에 피 흘리고 너는 갔구나

고향에 돌아가면 네 자랑 충성을
늙으신 부모님께 전하여주마
태극기 앞에 놓고 쓰러지면서
마지막 충성으로 너는 갔구나

1932년 3월 양세봉과 요녕민중자위군(遼寧民衆自衛軍) 사령관 당취오(唐聚伍)는 흥경현(현재 신빈현)에서 혈맹으로 함께 항일에 나섰다. 공동의 적 앞에서 내부의 분열과 갈등을 없애고 강렬한 의지로 항일투쟁을 하자는 취지였다. 환인현(桓仁縣) 인민정부는 환인현과 관전현(寬甸縣)을 잇는 국도에 요녕민중자위단 전투 유지를 기념해 2006년 9월 대규모 벽화를 만들었다. 여기에는 겨울철 만주에서 일본군과 치

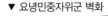
▼ 요녕민중자위군 벽화

열하게 싸우는 항일투사들의 모습이 매우 사실적으로 그려져 있다. 공동의 적 앞에 서로 손을 잡고 오직 내 나라를 지키기 위해 뛰어든 한·중 연합부대의 숭고한 정신에 절로 고개가 숙여진다. 전정혁 관장은 양세봉 이야기만 나오면 유독 격앙된다.

"양 장군이 일본군 밀정에게 유인되어 순국한 뒤에도 일본놈들은 그 시신을 가만두지 않았어!"

"양세봉 총사령관의 시신은 애국열사릉에 모셔졌잖아요?"

"그래, 근데 목이 없는 시신이야. 일본놈들이 양 장군을 효수하고 목을 통화현성에 매달았어. 그 후에 어떻게 됐는지는 아무도 몰라. 겨우 시신만 수습해서 매장했는데, 해방 후 북에서 모셔갔지. 북에 양 장군 부인이 있었으니까."

한민족과 중국인 연합부대를 조직하고 항일 최전선에 섰던 양세봉이기에 남과 북을 넘어 중국인들의 마음까지 움직인 것이다. 그래서 이렇게 중국 땅에 흉상까지 제작될 수 있었던 것이고 말이다. 그런데 이런 양세봉 흉상에 예상치 못한 시련이 닥쳤다. 그의 흉상이 자리한 왕청문 조선족소학교가 폐교되었기 때문이다. 양세봉 흉상이 있던 학교 부지는 한족 사업가에게 그 소유권이 넘어가고 말았다. 양세봉은 한국을 넘어 동북아시아 독립운동사에도 중요한 메시지를 던져 줄 수 있는 인물이다. 그런데 이런 상징적 인물을 기린 흉상이 제자리를 찾지 못하고 사업가에 넘어가고만 것이다. 남과 북 모두에게 큰 수치가 아닐 수 없었다.

그러다 2008년 여름 양세봉 흉상은 또 한 차례 큰 변화를 겪게 된다. 원래 자리에서 남쪽으로 약 20분 거리에 있는 강남촌 협피구(狹皮溝)의 한 야산으로 옮겨진 것이다. 여기에는 조선족 기업가 길경갑의 역할이 컸다. 다만 아쉬웠던 것은 흉상이 기단과 분리된 채 붉은 천을 덮고 덩그러니 놓여졌다는 점이다. 왜 이렇게 된 것일까? 당시 나의 질문에 전정혁 관장은 이렇게 답했다.

"아직 금전적 여력이 없어요. 양세봉 장군에게는 죄송하지만 어쩔 수 없네요. 그래도 어떻게든 우리 힘으로 해낼 겁니다."

그로부터 1년 후 2009년 9월 반가운 소식이 들려왔다. 양세봉 장군 흉상 재안장식이 거행된다는 소식이었다. 신빈현과 조선족기업가협회

▼ 양세봉 흉상(현재)

에서 후원하고, 길경갑 회장이 적극적으로 추진해 양세봉 흉상 재건립이 마침내 결실을 보게 된 것이었다. 2009년 다시 만난 양세봉 흉상은 왕청문 시절보다 신수가 훤해 보였다. 1,500평의 야산을 정리하고, 바닥을 대리석으로 깐 후 기단 위에 흉상을 올려놓았다. 흉상에서 정면으로 보이는 곳을 인근에서는 '고려구'라 부른다 했다. 한인이 많이 살았다는 증거다. 대한통의부 총사령관 신팔균(申八均)이 순국한 2도구와도 아주 가깝다.

> "우리 민족과 중국인이 함께 싸웠다는 사실을 후대에 알려주기 위해서라도 반드시 항일기념관을 세울 겁니다."

일행을 안내해 준 길경갑 회장이 힘주어 말했다. 그의 확고한 눈빛 때문이었을까? 돈 많은 사업가가 던지는 가벼운 말처럼 들리지 않았다. 우리 역사를 잊은 후손도 많지만, 이렇게 잊혀져가는 역사를 붙들고 지켜내고자 하는 이들도 있음에 감사하고 또 감사할 뿐이다. 말이 가진 힘을, 우리의 마음이 가진 힘을 믿어본다. 그의 말대로 함께 인류애를 지향했던 한민족과 중국인들의 발자취가 너무 늦지 않게 이곳에 새겨지기를 꿈꿔본다.

> 말하는 대로 말하는 대로
> 될 수 있다곤 믿지 않았지
> 믿을 수 없었지
> 마음먹은 대로 생각한 대로

할 수 있단 건 거짓말 같았지
고개를 저었지

말하는 대로 말하는 대로
될 수 있다고 될 수 있다고
그대 믿는다면
마음먹은 대로 (내가 마음먹은 대로)
생각한 대로 (그대 생각한 대로)

유인석이 쉰 자리, 의암기념원

조금은 지쳐 있었나봐 쫓기는 듯한 내 생활
아무 계획도 없이 무작정 몸을 부대어보며
힘들게 올라탄 기차는 어딘고 하니 춘천행
지난 일이 생각나 차라리 혼자도 좋겠네

'춘천으로 가는 길'은 정확히 꼬집어 말할 수는 없지만, 한국적인 정서가 묻어나는 길이다. 그 때문인지 연인, 가족을 넘어 〈겨울동화〉라는 드라마로 인해 이제는 외국인들에게까지 사랑받는 길이 되었다. 2010년 상봉-춘천 간 경춘선이 개통되면서 이제 춘천은 서울에서 지하철로도 1시간이면 닿을 수 있는 지역이 되었다. 많은 이들이 드라마의 무대로 유명해진 남이섬을 찾고, 춘천 명동에서 닭갈비를 맛보며 여

행 기분을 만끽한다. 춘천을 제대로 즐
길 줄 아는 이라면 여기서 한 걸음 더
나아가 소양강과 의암호에 가서 마음
의 여유를 얻고 간다. '호반도시 춘천'
이란 타이틀은 의암댐 건설과 그로 인
해 생긴 의암호가 결정적 역할을 했다.
　의암호의 '의암'은 의병장 유인석(柳
麟錫)의 호다. 한국독립운동사에서 유
인석을 제외하고 의병을 논한다는 것

▲ 유인석

은 그 자체가 무의미할 정도로 그의 존재는 절대적이다. 일제 침략 당
시 조선의 많은 이들이 나라의 정체성과 문화를 지켜내고자 의병 활동
에 참여했다. 전국적으로 일어난 의병 항쟁의 선두에 있던 인물이 바로
유인석이었다. 1908년 그는 포괄적 독립운동기지 건설을 위해 연해주
로 망명한다. 논란의 여지는 있지만, 안중근 의사가 그의 일기에 쓴 '김
두성 의병장'이 아마 유인석이 아닐까 싶다. 1914년 그는 나이가 많아
물리적으로 더는 독립운동의 전면에 나설 수 없게 되자, 모든 활동을
접고 신빈현 평정산진(平頂山鎭)으로 향했다. 이곳은 그가 이미 10여
년 전인 을미의병 때 활동했던 곳으로 제자들을 독려하고 저술 활동을
하기에 적합한 장소였다. 이후 그는 관전현 방취구로 이사를 하는데,
1915년 안타깝게도 그곳에서 생을 마감하고 평정산에 묻혔다.
　2010년 일행은 유인석이 말년을 보낸 평정산진으로 향했다. 포장된

◀ 의암기념원 기념비

국도라 주변 풍광을
즐기며 편히 갈 수
있었다. 순간 일제
의 눈을 피해 목숨
을 걸고 이곳을 다녔을 70, 80년 전의 독립운동가들이 떠올랐다. 그런
데 지금 그 후손들은 이렇게 편하게 그들의 발자취를 쫓아가고 있지 않
은가. 죄송한 마음에 편안함이 불편함으로 바뀌었다. 그러는 사이 루
이펑은 어느새 신빈현과 환인현의 경계선에 위치한 평정산진에 도착했
다. 마을을 가로질러 곧장 의암기념원을 찾았다.

이화덕 선생이 우리를 반갑게 맞아주었다. 그는 출입구가 넓어 짐승
들이 자꾸 들어와 얼마 전에 삼중문으로 고쳤다는 말을 뿌듯한 표정으
로 제일 먼저 꺼낸다.

"말도 마세요. 주변 농가에서 기르는 소와 염소들이 마음대로 의암기념
원을 드나들어 주변이 엉망이었어요."

그간 마음고생이 꽤 심했던 모양이다. 2003년 의암기념사업회와 신
빈현 평정산진 정부가 공동으로 의암이 묻혔던 곳에 기념원을 만들었다
는 본격적인 설명을 시작으로 그는 우리를 안내해 주었다. 〈유공본촌
활동기략(柳公本村活動紀略)〉이라는 기념문에는 유인석이 평정산진에
서 활동하게 된 배경과 그에 대한 설명이 담겨 있었다. 유인석을 한국
의 뛰어난 유학자이자 지조 있는 선비로 소개하고 있었다.

유공, 이름은 인석 호는 의암, 조선의 저명한 유학자이며 항일장령이
다. 1842년 1월 27일 조선 강원도 춘천시 가정리에서 태어났다. 1895
년 일제가 조선을 압박하여 명성황후 시해와 단발영을 단행하니, 유공은
필을 던지고 의병부대장으로 난적을 부수고, 오랑캐를 소탕하는 항일기
치를 내걸어 전국적으로 항일의 불꽃을 타오르게 했다.

춘천에서는 의암제나 유인석 일대기 공연 등 그를 기리는 행사가 열
리곤 한다. 이제 남이섬을 가고 닭갈비를 먹기 위해 가는 춘천이 아니
라, 이런 행사에 참여해 '역사를 지키기 위해 가는 춘천'이 되면 어떨
까? 많은 이들에게 보다 뜻 깊은 의미의 '새로운 춘천 가는 길'이 열리기
를 소망해 본다.

▼ 의암기념원 전경

환인현

오녀산성의 밤과 태극괘

              우리는 저녁 무렵 환인현에 도착했다. 저녁식사를 하고 나니 어느덧 10시가 넘었다. 문득 고개를 들어 하늘을 보니 별이 유독 빛나 보였다. 순간 나는 걸음을 멈추고 숙소로 향하는 일행에게 외쳤다.

    "오늘 오녀산성의 별이라도 봅시다."
    "밤이 너무 늦었어. 내일 아침에 갑시다."
    "내일 아침 일찍 노학당 기념비를 보러 가야 하니, 지금 갑시다."

    김춘선 교수가 고단한 일행을 염려해 반대했지만, 결국 내 고집에 두 손을 들어주었다. 환인 시내에서 동북쪽으로 8km 떨어져 있는 오녀산성은 고구려의 첫 수도 졸본성이다. 서둘러 오녀산성으로 향했지만, 그

▲ 오녀산성

시간에 매표소 직원이 있을 리 만무했다. 사실 그 밤에 오녀산성을 보러 간다는 것 자체가 무모한 일이었다. 하지만 이왕 여기까지 왔으니 어쩌겠는가. 우리는 루이펑으로 갈 수 있는 곳까지 올라가 보기로 했다. 길 중간 중간에 휴게소와 관리소가 있었는데, 어찌된 일인지 불이 켜져 있다가도 우리가 다가가면 서둘러 불이 꺼졌다. 이상한 기분을 감출 수 없었는데, 김춘선 교수가 그 궁금증을 풀어주었다.

"우리를 밤에 순찰 나온 감찰 요인으로 오해하는가봐."

하기야, 이 시간에 캄캄한 산성을 보러 오는 사람이 있다고 생각하는 게 더 이상하겠지. 허용된 곳까지 올라가 루이펑에서 내려 밤하늘을 올

▲ 오녀산성에서 바라본 혼강

려다본다. 하늘 가득 별이었다. 그렇게 많은 별을 본 적은 처음이었다. 그날 밤 나는 내게 많은 말을 던지며 쏟아져 내리는 수많은 독립운동가의 별을 보았다.

별이 쏟아지는 오녀산성을 본 지 꼭 두 주 만에 오녀산성을 다시 찾았다. 이번에는 환한 대낮에 갔다. 오녀산성의 밤과 낮은 극명하다. 밤에는 별이 산성을 뒤덮고, 낮에는 태극의 신비가 산성을 휘감고 있다. 낮의 오녀산성은 영화 〈반지의 제왕〉에 나오는 곤도르 요새보다 더 튼튼해 보였다. 가파른 수직 절벽은 그 어떤 괴물도 정복할 수 없는 천혜의 요새이자 난공불락 그 자체였다. 오녀산성의 남쪽 끝에 있는 고구려 점장대(點將臺)에 올라서면 번지점프대에 오른 듯한 짜릿한 전율을 느낄 수 있다. 환인 시내와 혼강(渾江)댐이 한눈에 들어오는데, 태극괘가 거짓말처럼 강 위를 수놓고 있다.

강원도 영월 선암마을에 있는 한반도 지형이 사람들의 눈과 발을 붙잡듯이, 오녀산성에서 거대한 태극은 한국인을 끌어당기는 힘이 있다. '언젠가 꼭 다시 와야지.' 하는 상투적인 여행의 소감이 아니라, 그 태극의 마술에 끌려 언젠가는 꼭 다시 오고 싶다는 마음을 품게 하는 그런 곳이다. 오녀산성에서 오직 한국인만이 느낄 수 있는 감정을 충만히 느끼고 내려왔다.

윤희순과 노학당

춘천에는 의병마을이 있다. 춘천의진의 대표적 인물인 유인석의 활동을 기리기 위해 춘천시에서 조성한 마을이다. 여자 의병, 윤희순(尹熙順)도 여기에 모셔져 있다. 시아버지 유홍석(柳弘錫), 남편 유제원(柳濟遠)이 의병에 참가하면서 그녀도 자연히 의병이 되었다. 쉽지 않은 길이었지만, 결코 멈출 수 없는 길이었다. 윤희순이 쓴 〈안사람 의병가〉는 나라를 지키는 데는 남녀가 없음을 강조하고 있다.

> 아무리 왜놈들이 강성한들
> 우리들도 뭉쳐지면 왜놈 잡기 쉬울세라
> 아무리 여자인들 나라 사랑 모를 소내
> 아무리 남녀가 유별한들
> 나라 사랑 소용있나
> 우리도 나가 보세 의병대를 도와주세
> 금수에게 붙잡히면 왜놈시정 받들소냐

우리 의병 도와주세
우리나라 성공하면 우리나라 만세도다
우리 안사람 만만세로다

1911년 유홍석은 아들 유제원에게 이렇게 말했다.

"더 이상 국내에서 의병 투쟁을 할 수 없게 됐다. 만주로 간다."

이를 지켜본 윤희순은 말없이 짐을 꾸려 만주행에 동참했다. 정착지
는 신빈현 평정산진이었다. 유인석이 말년을 머물렀던 장소와 같다. 이
곳은 4월 중순에도 눈이 올 정도로 깊은 산골이었다. 얼마 뒤 윤희순
일행은 조선독립단의 활동 지역인 환인현으로 다시 거처를 옮겼다. 연
자방아가 있다고 하여 붙여진 괴마자(拐磨子) 마을에서 윤희순은 한인
들을 상대로 교육과 독립운동을 병행했다. 노학당이 그 주무대였다. 요
녕성 민족출판사를 퇴직한 김양 선생은 노학당의 존재 가치를 밝히는
데 결정적인 역할을 했다. 환인현에는 윤세복이 설립한 동창학교 관련
사적이 몇 개 있는데, 이 학교의 분교가 바로 노학당이다. 김양 선생은
꺼져가는 노학당의 불씨를 어렵게 다시 살려냈다.

보락보(普樂堡) 팻말을 지나 5분도 채 안 된 곳에 노학당 기념비가 서
있었다. 논 한가운데 외롭
게 서있는 노학당 기념비를
보며 김양 선생은 만감이
교차한 듯 말했다.

◀ 보락보 팻말

"김 박사님, 저거 세우는 데 고생 많이 했어요."

"언제부터 노학당에 관심을 가지셨나요?"

"꽤 오래됐어요. 한 10여 년 되었나."

"고증은 어떻게 하셨어요?"

"말도 마세요. 이쪽 지역을 이 잡듯이 뒤져서 향토사학자들과 현지 농부들을 찾아다녔지요. 지성이면 감천이라고 결국 조선족 정정복 노인의 증언에 따라 고증했어요."

"기념비는 순조롭게 건립됐나요?"

"아마 2002년 7월 말경이지요. 한국에서도 손님들이 왔는데 비가 억수같이 와서 3톤이나 되는 기념비를 기단 위에 올려놓지 못했어요. 제대로 된 제막식도 하지 못해 그때 사진을 보면 기념비가 기단 옆에 있어요. 어쩔 수 없었지요."

▲ 노학당 기념비

기념비의 높이는 노학당 설립연도인 1.912m이며, 기단 높이도 노학당 설립 90주년에 맞춰 90cm로 했다고 한다. 그녀와 뗄 수 없는 노학당의 흔적을 하나라도 더 담아내고자 한 세심함이 감동적이기까지 하다. 기념비 중앙에는 '노학당유지'가 음각되어 있고, 좌우에는 '환인현동창학교분교', '항일인재양성요람'을 새겨놓았다. 그리고 뒷면에 윤희순을 다음과 같이 소개하고 있다.

윤희순(1860~1935)은 조선 여성항일계몽의 선구자며, 항일의병을 조직한 사람 가운데 하나이다. 1911년 그는 가족을 데리고 조선을 떠나 중국 환인현에 거처했다. 1912년 이회영, 우병렬과 중국인 도원훈의 지지로 동창학교 분교인 노학당을 세워 교장직을 맡았다. …… 윤희순 여사는 1935년 아들 유돈상이 무순에서 일본 제국주의에 피살되자 비통함을 참지 못하고 1935년 8월 1일 해성현 묘관툰에서 서거하였다. 노학당 90주년을 맞이하여 윤희순의 항일정신을 널리 선양하기 위해 공적비를 세워 기념한다.

요녕성 환인만족자치현조선족역사연구회

요녕성 환인만족자치현보락보진인민정부 2002년 여름

사실만 놓고 보자면, 시아버지와 남편에 이어 아들 유돈상(柳敦相)마저 일제에게 빼앗긴 한 많은 여인의 인생이었다. 그러나 우리에게 그녀는 대한민국의 자랑스러운 안사람이자, 강인한 의병으로 영원히 기억될 것이다.

해성시
묘관툰

심양에서 100km 남쪽에 위치한 해성에서 윤희순은 마지막 숨을 몰아쉬었다. 그녀의 75년생이 마감된 곳이다. 그 순간 그녀는 무슨 생각을 했을까? 시아버지와 남편을 따라 타국 땅에서 독립운동과 조국 광복을 위해 헌신한 25년의 세월이 주마등처럼 스쳐지나갔을 것이다. 가장 큰 아픔으로 남은 아들의 죽음이 떠올라 눈물을 흘렸을

▲ 윤희순

지도 모른다. 그녀는 3대가 중국 땅에서 순국한 집안의 안사람으로 살았다. 쇠약해질 대로 쇠약해진 육체는 끝내 정신적 충격을 이기지 못

하고, 해성에서 고단했던 삶을 마감하고 만다.

해성시에서 남쪽으로 8km 떨어진 곳에 위치한 묘관툰(廟關屯)에는 예나 지금이나 한족들이 많이 살고 있다. 윤희순은 항일근거지로 적당한 곳이라 판단하고 아들 셋을 데리고 이곳에 정착한다. 그리고 그녀는 이곳에서 평생의 인연이 되는 갈복순(葛福順), 장영방 부부를 만나게 된다. 갈복순은 윤희순이 여자임에도 항일운동투사로서 보인 면모와 정갈한 모습에서 조선 여인의 위엄을 느꼈다고 손자들에게 누차 말했다. 그들의 긴 인연은 인연을 맺은 당사자들이 떠난 지금까지도 유효했다.

1994년 9월 윤희순의 손자 유연익은 무순감옥에서 순국한 부친 유돈상과 할머니 윤희순의 유해를 한국으로 모시기 위해 햇수로 50년 만에 중국을 찾았다. 유연익은 1살 때 아버지와 할머니, 7살 때 어머니까지 여의고 천애고아로 살았다. 다행히 삼촌들이 후견인이 되어주어 질긴 생명력을 이어갈 수 있었다. 유연익이 왔다는 소식이 퍼지자 조용한 시골마을 묘관툰이 시끄러워졌다. 시골마을에 외국인이, 그것도 이곳에 살다가 떠난 윤희순의 손자 유연익이 돌아왔기 때문이다. 마을 사람들은 바쁜 일손을 뒤로하고 그를 만나기 위해 하나 둘 모여들었다. 갈복순의 부인 장영방도 96세의 몸으로 유연익을 보기 위해 왔다.

오랜 시간이 흐른 만큼 윤희순의 묘를 찾는 일은 결코 쉽지 않았다. 다행히 1909년생 한족 영수덕의 도움으로 문화혁명 때 훼손됐던 윤희순의 묘를 찾을 수 있었다. 한국에서는 묘에 물이 차면 명당이 아니라고 한다. 유연익이 할머니의 묘를 확인해 보니 물이 가득했다. 영수덕옹은 통곡하는 유연익에게 "사람은 물에서 태어났으니 원래대로 간 거다. 그러니 괜찮다."며 위로를 건넸다.

▼ 춘천 윤희순 묘

1994년 9월 10일 마침내 윤희순은 그녀의 고향 강원도 춘천으로 돌아왔다. 그녀가 세상을 떠난 지 만 59년 만의 일이었다. 묘관툰 사람들은 그녀가 있던 자리에 봉분을 정리하고 윤희순 항일기념비를 세웠다. 묘관툰 인민정부와 윤희순의 벗들이 자발적으로 만들어낸 한중우호의 상징이다. 묘관툰 사람들의 윤희순 사랑을 엿볼 수 있는 대목이다.

2007년 일행의 윤희순 묘 찾기도 결코 쉽지 않았다. 말 그대로 미로 찾기였다.

"김양 선생님, 아직 멀었습니까?"

연변대 김춘선 교수가 옥수수밭을 헤매며 물었다. 앞서 가던 김양 선생은 무언가 결심한 듯 멈춰서 어딘가로 전화를 걸었다. 한 10분이 지났을까? 경운기를 끌고 한 무리의 대가족이 나타났다. 갈복순의 손자 가족이었다. 더 이상 지체할 수 없어 그들에게 도움을 요청한 것

◀ 갈복순의 후손

이다. 서로 짧은 인사만 나누고
는 윤희순 기념비를 찾는 일에 전
념했다. 용이 도사리고 있다 하여
붙여진 반룡산을 보며 한 15분을
걸었을까? 저 멀리 희미하게 화강
암 비석 하나가 눈에 들어오기 시작했다. 70세를 넘긴 김양 선생의 발
걸음이 빨라졌다. 드디어 모두 가묘 앞에 도착했다. 옆에 선 갈복순
손자 가족 4명의 얼굴에 옅은 미소가 서렸다. 그 미소에는 많은 것이
함축돼 있는 것 같았다. 얼굴도 본 적 없는 조상들이 맺은 인연이 여전
히 유효함을 느낄 수 있었다.

윤희순 기념비에는 이렇게 써 있었다.

> 윤희순 여사는 유홍석 의병장령의 자부이다. 그는 유인석 항일의병부
> 대에 참가하여 의병의 노래 등 10여 편의 항일 가요를 창작했다. 1911
> 년 남편, 아들과 함께 중국으로 망명하여 항일하였다. 심양, 관전, 무순,
> 해성에서 대한독립단의 항일구국운동에 참가하였다. 1935년 8월 1일
> 해성에서 세상을 떠났다. 친구 갈복순 등이 그의 유해를 묘관툰에 안장했
> 다. 1994년 손자 연익이 조모 윤희순의 유해를 고향으로 봉환했다. 중
> 한 인민의 친선을 영원히 보존하기 위해 기념비를 세운다.
>
> 1994년 10월 11일

뒷면에는 항일투쟁기 윤희순의 친구 '갈복순, 장건평, 진장림, 영수
덕, 영수곤'의 이름이 음각돼 있고, 좌측에 '자손만대 보존 충효 애국

윤희순 기념비 ▶

정신 윤희순 유훈'이 새겨져 있었다. 1시간
반을 헤맨 끝에 찾은 윤희순 묘와 기념비를
충분히 둘러보고 나서야 갈복순 손자 가족과
정식으로 인사를 나눴다.

"바쁘실 텐데 도와주러 와주셔서 감사합니다.
그런데 정말 빨리 와주셨네요."

"당연한 것 아닙니까. 1994년 묘 찾기에도 있었는 걸요. 제 할아버지
와 할머니는 틈날 때마다 윤희순 할머니 얘기를 하셨어요."

"뭐라 말씀하셨습니까?"

"잊어서는 안 되는 분이라고 하셨어요. 그 말 속에 다 들어있지 않나요?"

"꼭 윤희순 묘를 지키는 수호신 가족 같아요."

"영광이지요. 제가 죽어도 아들에게 꼭 이 묘를 지키라고 말할 겁니다.
대를 이을 거예요. 그래야 윤희순 할머니의 항일정신과 양국 간의 우정을
영원히 간직할 수 있지요."

그가 말한 '한중우호'라는 단어에는 진한 감동이 있었다. 묵묵히 듣
고 있던 김춘선 교수도 가슴 한구석이 뻐근하다고 했다. 그 어떤 국제
학술회의의 발표보다 갈복순 손자의 진실된 말이 더 진한 감동을 전
해주었다. 한중우의를 삶으로 보여주는 살아있는 증거이기 때문이다.
윤희순의 묘 앞에서 그녀에게 전하는 말을 마음으로 건네 본다.

"윤희순 의사님, 당신이 뿌린 한중우호의 씨앗이 이렇게 자라나고 있습
니다. 푸른 나무가 될 수 있도록 저희도 힘쓰겠습니다. 그러니 이제 편히
쉬세요."

관전현

▼ 수상유락원 표지석

이진룡과 우씨 부인의
숭고한 사랑 이야기

　　　　　환인현 청산구
수상유락원에는 넉넉한 인심을 담
아내는 장가대원(張家大院)이라는 식당이 있다. 이곳 주인은 식당 이
름대로 '장가(張家)'다.

▼ 장가대원의 주인 부부

그는 이곳에서 50여 년
을 보냈다고 했다. 우리
는 이 식당에서 이진룡
(李鎭龍)과 우씨 부인에
대한 이야기를 들을 수
있었다. 맛있는 냄새와

함께 한중우호를 진하게 느끼게 하는 그의 이야기가 모락모락 피어났다.

"의열비에 대해 아세요?"

"그럼요. 알지요. 여기서 제가 몇 년을 살았는데요."

"원래 이진룡 의열비는 언덕 위에 있었죠? 제가 알기로는 길 아래 있던 것을 저수지가 생기면서 지금 자리로 이전한 거라던대요."

"이전한 게 맞을 거예요. 한 20년 전에 여기 앞에 보이는 저수지가 만들어지면서 이곳이 이렇게 휴양지가 된 거 거든요."

"여기 분들은 이진룡과 우씨 부인에 대해서 아나요?"

"똑 부러지게 아는 것은 아니에요. 그저 옛날 어른들이 이곳에 고려인 의열비가 있다고 해서 알지요."

"한국 사람들은 더러 오나요? 이곳은 심양에서도 한참 떨어져 있어 어지간해서는 오기 힘들 텐데요."

"수상유락원은 유명한 휴양지예요. 대부분 중국 사람들이 오는데, 가끔 한국 단체 관광객이 언덕 위의 묘비를 참관하고 내려오는 길에 저희 식당에 들르곤 해요."

그가 말한 한국 단체 관광객은 아마도 춘천 의병마을에서 오는 단체 관광객인 것 같다. 장가대원 주인은 우리의 여정 이야기를 듣고는 기꺼이 함께 동행해 주었다. 청산구에서 1km 정도 북쪽에 위치한 이진

▲ 청산구진 이정표

◀ 이진룡 의열비, 우씨 부인 묘비

룡 의열비와 우씨 부인 묘비는 비포장 국도변 10m 언덕 위에서 수상유락원을 넌지시 바라보고 있었다. 길이 비좁은 데다 40도 정도의 경사면이라 한 사람씩 일렬로 올라가야 겨우 갈 수 있었다. 오른쪽 아래에 낙석주의 팻말이 세워져 있을 정도였다. 그런데 올라가도 두 개의 기념비만 덩그러니 있어 형식을 갖추고 참배할 수도 없었다. 좁은 땅 왼편에 '이진룡 의열비', 그 옆에 '유명조선국열부유인우씨묘비'가 서로의 외로움을 보듬듯 서있을 뿐이었다. 115cm×60cm의 크기의 의열비에는 이렇게 써있었다.

조선의사 이진룡
열녀 우씨 부인과 함께 곰 잡았노라
남편은 나라 위해 죽었으니 문산의 충신이요
부인은 남편 위해 순절하니 홍실의 기풍일세
해지면 달 솟아 봉황은 쌍쌍이 날고
두 충렬 서로 알고 영원한 빛 뿌리고 있네.

대한통의부 총사령관 신팔균은 1924년 신빈현 2도구에서 적들의 기습으로 교전하다 순국했다. 이 소식을 들은 부인 임수명은 어린 딸을 데리고 자결했다. 슬픈 역사의 이야기이자 가슴 아픈 사랑 이야기다. 그런데 이와 같은 이야기가 이전에도 있었다. 1918년 의병장 이진룡이 평양감옥에서 형장의 이슬로 순국하자, 우씨 부인이 맏아들 철영이 자는 사이에 자진 순국한 것이다. 생목숨을 끊으면서까지 자신의 절개를 지키려 했던 우씨 부인의 행동은 치마폭 독립운동을 넘어서는 것이었다.

이진룡은 1879년에 황해도에서 태어났다. 안중근과 고향도 같고 나이도 같아서 연해주에서 의병활동을 할 때도 의기투합했다. 이진룡은 일찍부터 기개가 남달랐다. 1895년, 17세 때 경상감사 일행이 낙동강에서 뱃놀이를 하는 것을 보고 연회석에 뛰어들어 가 한시 한 수를 지어 감사에게 주었다는 일화가 있다.

> 낙동강 푸른 물에 신선이 배 띄웠네
> 노랫소리 피리소리 단풍잎도 붉었는데
> 나그네 발 멈추고 절로 한숨 짓누나
> 대궐엔 구름 끼고 국운은 저무는데

이진룡과 우씨부인의 만남에는 유인석 의병진의 참모장이자 우씨부인의 아버지인 우병렬이 결정적인 역할을 했다. 우병렬은 이진룡 삶의 멘토 같은 존재였다. 1905년 을사늑약으로 대한제국의 국운이 완전히 쇠락하자, 이진룡은 우병렬을 따라 의병투쟁에 본격적으로 뛰어든다. 이진룡의 성품을 일찍부터 눈여겨본 우병렬은 이미 마음속에 그를 큰사위로 점찍어두고 있었다. 이렇게 이진룡과 우씨 부인의 인연의 끈은 비록 부모의 손에 의해 묶이게 되었지만, 두 사람의 마음은 어떠한 고난도 방해할 수 없는 숭고한 사랑으로 점차 승화되어 갔다.

경술국치 이듬해(1911년) 이진룡은 압록강을 건너 관전현 청산구 은광자촌에서 독립운동의 새로운 길을 모색했다. 유인석 의병진에 속한 이진룡은 장인 우병렬과 함께 독립군단 통합운동에 힘을 모았다. 이진룡은 독립군의 존립 기반이 되는 군자금을 모집하기 위해 조맹선과 함께 압록강을 건너 평안북도 영변군으로 향했다. 그곳에서 운산 금광 마차를 습격했지만, 뱀 같은 일제가 미리 알아채어 실패하고 말았다.

그런데 이 사건은 끝내 이진룡의 발목을 붙잡게 된다. 이 사건이 빌미가 되어 1917년 5월 관전현 청산구에서 일본외무성 경찰에게 체포되고 말았기 때문이다. 만주 지역에는 '독립군반 밀정반'이라는 말이 공공연하게 돌 정도로 일본의 끄나풀이 많았다. 이진룡이 체포되는 데도 일본 주구의 밀고가 결정적 역할을 했다. 그의 체포 소식이 알려지자 독립운동계는 크게 술렁였다. 결국 이진룡은 1918년 5월 1일 평양 감옥에서 다음과 같은 유언을 남기고 순국했다.

"장남에게 나 죽은 뒤에 나에게 큰 은혜를 준 선생의 사당에 참배하고 아비 죽은 것을 고하라."

우씨 부인에게 이진룡의 순국 소식은 청천벽력과 같은 것이었다. 남편에 대한 절대적 사랑은 일본 헌병들의 폭압적 고문 앞에서도 그녀를 굳건하게 했다. 그녀는 일본 헌병들에게 흔들림 없는 눈빛으로 당당히 말했다.

"그대들이 나를 위협하고자 온갖 방법을 동원했는데, 부녀자의 기를 죽이기에는 족하나 절의 있는 여인들에게는 오히려 소원이다."

그녀에게 남편의 죽음은 더 이상 생을 이어갈 이유를 상실한 것과 같았다. 이들의 숭고한 정신과 사랑에 감동한 청산구 촌민들이 1919년 3월 이진룡 의열비와 우씨 부인 묘비를 세웠다. 원래는 따로 떨어져 있었는데, 1991년 지금의 자리에 함께 모셨다.

"후대들에게 이들의 이야기를 널리 알려 줄 수 있도록 접근성이 조금 편해졌으면 좋겠어요."

김양 선생이 안타까운 표정으로 말했다. 그도 그럴 것이 몇 명만 서 있어도 이렇게 좁은 공간인데 단체 관람객은 어찌 방문한단 말인가. 이진룡과 우씨 부인의 숭고한 정신과 사랑을 담기에 턱없이 부족한 공간임에 틀림없다. 청산구향 인민정부는 관전현에 자발적으로 개선을 요구하는 다음과 같은 문서를 올리기도 했다.

▲ 보수 전 이진룡 의열비

한국의 독립운동가이며 저명한 의병장령인 이진룡은 생전 오랜 기간 청산구에서 항일운동을 전개했으며 민중 속에서 극히 높은 성망을 가졌으며 세인의 숭고한 존경을 받았다. 이 선생이 영용히 순국한 후 그의 부인 우씨도 청산구 은광자에서 순절하였다. 당시 민중은 자발적으로 일어나 우씨의 유체를 안장하였다. 이 선생의 항일의거와 우씨의 견강한 절개를 기념하기 위하여 당시 민중은 이씨 부부 의열비를 건립하였다. 비문을 새겨 영용한 행위와 견강한 절개를 널리 전해지게 하였다.

다행인 것이라고 해야 할지, 너무 늦은 것이라 해야 할지 모르겠지만 독립기념관에서 2008년 이후 두 차례 정도 보수를 거쳐 그 형편이 조

▼ 보수 후 이진룡 의열비와 우씨 부인 묘비

금 나아졌다. 지금은 인근 한족 학교 학생들도 이곳에 와 이들을 기념하고 있다고 한다. 사랑은 국경도, 나이도, 세대도 뛰어넘는 위대하고 숭고한 인간의 가치다. 나라를 사랑하는 마음에 남녀의 사랑을 기꺼이 바친 두 사람이다. 그들의 숭고한 정신과 위대한 사랑을 우리는 결코 잊어서는 안 된다. 이생에서 못 다한 그들의 사랑은 지금도, 그리고 앞으로도 영원할 것이다.

Tip

몇 해 전 이진룡 의열비 앞 도로 공사를 하던 중국인 인부가 숨진 일이 있었다. 그 이후 사람들이 이진룡 의열비에 대한 외경심을 갖게 되었다고 한다. 미신적인 것이지만, 어찌 되었건 중국인들이 항일 장령 이진룡에 대해 새로운 발견을 한 것으로 볼 수 있다. 2014년 5월 전정혁 관장으로부터 '이진룡 장군 글짓기 대회'를 개최한다는 연락을 받았다. 한족 학생들이 이진룡의 희생정신을 기리기 위해 자발적으로 나섰다는 훈훈한 이야기도 덤으로 들었다.

08

단동과 여순

대륙의 관문, 단동
안중근 의사가 잠든 자리, 여순

대륙의 관문, 단동

단동과 신의주 사이, 압록강 철교

　　남만주는 19세기 말부터 압록강 대안(對岸)을 중심으로 한인들의 이주가 본격적으로 진행된 지역이다. 일제의 입장에서 이 지역은 열강의 이권을 배제하고 대륙 침략을 위한 독자적인 세력을 구축하는 데 더없이 중요한 천혜의 요지였다. 그 교두보 역할을 한 지역 중 하나가 안동현(安東縣), 오늘날의 단동(丹東)이다.

　단동에 도착해 저녁 식사를 한 후 압록강변을 산책하며 긴 여정 속에서 잠깐의 쉼을 가졌다. 건너편에 신의주가 보였다. 신의주의 시간은 해방 이전에서 멈춰버린 것만 같다. 마치 낡은 사진 한 장을 보는 듯한 기분이 들었다. 전력난 때문인지 최소한의 불빛만 군데군데 보여 화려한 단동의 밤과 대조되었다. 일제 강점기 때만 해도 신의주는 국경무역

▲ 압록강 철교

을 담당한 경제 신도시로 그 위용을 뽐냈다. 북한이 신의주를 특별행정
구역으로 지정한 것도 바로 이러한 이유 때문이 아닐까 싶다.

주위를 둘러보니 어느새 많은 중국인들이 밤이 선사하는 바람과 경치
를 만끽하기 위해 강변에 나와 있다. 압록강 철교는 세월의 무게를 견
디며 오늘도 묵묵히 이들의 발길을 받아들이고 있다. 신의주와 단동 사
이를 잇는 압록강 철교 위에서 역사의 길을 조심스레 밟아본다.

일제는 열강의 반대를 무릅쓰고 한일병합 다음 해인 1911년 안동(현
단동)과 신의주를 잇는 압록강 철교를 완성했다. 그런데 왜 하필 안동
과 신의주였을까? 일제는 일찍이 정치 · 군사 · 외교적 측면에서 압록강
하류 지역이 지닌 가치를 인지하고 있었다. 특히 압록강은 중국과 조선
의 경계선이었고, 이를 매개로 한 경제활동 역시 다양한 요소를 지니고
있다는 점에서 더욱 그러했다. 일제는 특히 안동에 주목했는데, 그 이
유는 크게 두 가지다. 첫째, 안동이 가진 지리적 특징 때문이다. 안동
은 일찍부터 수운에 의한 물산 집산지 역할을 담당했다. 심양을 중심으

로 행해진 교역에서 중요한 위치를 차지하고 있었다. 둘째, 이주 한인들 때문이다. 안동은 교통이 유리해 이주 한인들의 이합과 집산의 도시이기도 했다. 일제강점기 국적을 상실한 이주 한인들은 이 루트를 많이 이용했다. 이러한 이유로 안동은 일찍부터 일제의 관심 지역이었다.

일제는 대륙 침략과 관련해 몇 가지 중요한 정책을 실시한다. 남만주철도주식회사 설립이 대표적인 예다. 일본에게 이것은 토지, 교통, 자본력 확보 문제를 단숨에 해결할 수 있는 중요한 열쇠와 같았다. 러일전쟁 승리 후 일제는 만주에 철도를 포함해 교통·통신 시설 신설 및 확충 사업을 거침없이 전개해 나갔다. 이는 일제가 만주 지역을 국가 안보 및 외교정책상 한반도와 연계된 중요한 '안전판(Safety Valve)'으로 간주하고 있었음을 의미한다. 일제는 경의선을 연장하기 위해 압록강 철교를 건설하고, 신의주의 대안인 안동에서 봉천(奉天; 심양)까지 철도를 건설해 한반도와 만주의 중심을 잇는 야심찬 계획을 완성했다.

이렇게 건설된 압록강 철교는 일제의 식민지 조선 및 대륙을 향한 군사적 침략과 일본 독점자본 진출의 토대가 되었다. 압록강 철교로 인해 일제는 운송시간 단축 및 대량 수송이 가능해져 보다 많은 잉여 창출을 보장받을 수 있게 됐다. 그만큼 압록강 철교 가설은 일제에 정치·경제적으로 긴요하고 절실한 수단이었던 것이다.

섬나라 일본은 그토록 원하던 대륙의 관문을 열었다. 하지만 야욕으로 얼룩진 그 문은 한국과 중국 독립운동가들의 피 묻은 손에 의해 굳게 닫히고 말았다. 일본은 지금도 여전히 대륙의 관문을 두드리고 있다.

압록강 철교 위에서 일상의 소소함을 즐기는 이들과 저 넘어 한반도 땅에 사는 이들의 웃음이 지켜질 수 있도록 우리는 등대처럼 두 눈을 뜨고 사방을 잘 감시해야 한다. 그들의 야욕이 제2의 압록강 철교를 만들어내지 못하도록 말이다.

나혜석과 김우영의 흔적 :
일본안동영사관 터

안동현 3번통 2정목

단동에 소재한 옛 일본안동영사관의 위치다. 이곳은 1921년 10월부터 약 6년간 부영사직을 수행한 김우영(金雨英)의 근무처이기도 하다. 나혜석(羅蕙錫)은 남편 김우영과 함께 이곳에서 인생의 황금기인 20대 중반에서 30대 초반을 보냈다.

정월 나혜석(1896~1948)은 대한제국기와 일제강점기 지방 관료를 지낸 부친 나기정과 모친 최씨 사이에서 5남매 가운데 넷째로 태어났다. 비교적 유복한 가정에서 자란 그녀는 집안의 든든한 후원을 받으며 일본으로 유학까지 다녀온 신여성이었다. 그녀는 '한국 최초의 여성 서양화가'라는

나혜석과 김우영 ▶

타이틀을 갖게 되지만, 그 과정이 그리 순탄하지만은 않았다. 여성이기에, 거기다 식민지 여성이기에 마주해야 했던 한계가 그녀를 짓눌렀다. 하지만 나혜석은 시련에 안주하는 대신 극복하는 쪽을 택했다. 그녀는 조선여자유학생친목회를 주도적으로 이끌며 민족적 차별과 봉건적 인습에 맞섰다. 『여자계(女子界)』의 발행과 3ㆍ1운동 참여는 그 연장선상에서 이루어진 결과물이었다.

나혜석은 결혼 후 중국 안동현에서 살았다. 이구열의 『네 에미는 선각자였느니라』에는 나혜석이 1923년에 만주 생활을 시작했다고 나온다. 그러나 김우영이 1921년 10월에 일본안동영사관 영사로 부임하였다는 사실, 그리고 1922년 5월 11일부터 7월 1일까지 서간도 일대 이주한인들의 생활 실태 조사 결과로 미루어 볼 때 나혜석은 적어도 1922년 초 이전에 안동에 정착하였을 것이다.

지금 남아있는 일본안동영사관 건물은 1932년 만주국 성립 이후 사용한 건물로 현재는 단동시 국경수비대로 쓰이고 있었다. 그런데 아쉽게도 군대 건물이라 경내 진입이 금지돼 있었다. 옛 건물의 형상이라도

▼ 일본안동영사관(1930년대)

볼 수 있었던 것에 만족하고, 나혜석과 김우영의 두 번째 흔적을 찾아 발길을 돌렸다.

이륭양행 터와 나혜석의
독립운동 지원

국경도시 안동(현 단동)은 독립운동가들이 대륙으로 갈 때 거쳐 가는 중요한 관문이었다. 1919년 5월 상해 대한민국임시 정부는 안동에 안동교통국을 설치했다. 안동교통국의 주요 임무는 임시정부의 자금 모집, 임시정부의 지령과 서류의 국내 전달, 국내 정보 수집 및 보고, 독립운동을 위한 인물들 간의 소개와 연락 등이었다. 안동교통국 사무실은 이륭양행(怡隆洋行) 2층에 마련되었다.

이륭양행은 영국 국적의 아일랜드 출신 조지 루이스 쇼(George Lewis Shaw)가 운영하는 무역회사였다. 쇼는 한국독립운동을 적극적으로 지원했는데, 이로 인해 일제의 철저한 감시를 받게 된다. 결국 쇼는 1920년 7월 내란죄로 체포되고 마는데, 4개월 뒤에 보석으로 풀려났다. 그는 그 뒤로도 1922년 8월 27일 이륭양행 고용원 김문규가 체포되기 전까지 한국독립운동에 대한 지원을 아끼지 않았다. 자국을 위한 일에도 나서기 어려운 법인데 타국을 위해 기꺼이 위험을 감수하다니, 후손으로서 그저 고맙고 또 고마운 일이 아닐 수 없다.

일행은 이륭양행 건물로 알려진 원륭가에 위치한 단동시 보건위생소 건물로 향했다. 예전에는 대련대 유병호 교수 등이 10여 년 전에 비정

▲ 잘못 알려진 이륭양행 터

한 장소를 이륭양행 건물 터라 불렀다. 하지만 2009년 이후 단동 당안관에서 나온 자료를 살펴본 결과 잘못된 사실로 판명되었다. 한국 답사단이 자료는 확인하지 않은 채 현지 원로들의 말만 믿고 확신을 내려 빚어진 결과였다. 사실을 바로잡아 다행이기는 하지만, 그 사이 이륭양행 건물이 철거돼 버려 안타까운 마음을 지울 수 없다. 이륭양행이 단순히 무역회사가 아닌 독립운동가들의 안전처였기에 더욱 그렇다.

경술국치 이후 국경을 넘나드는 일이 얼마나 어려웠는가는 이은숙(李恩淑)의 『서간도시종기(西間島始終記)』를 통해 충분히 짐작해볼 수 있다.

◀ 이륭양행 터(예전 영국거리)

신속한 광음은 신유년이 가고 임술년이 되니 우리 자친 소기라. 참례도 하고 생활비라도 도리가 있을까 하고 겸사겸사 가군 대신으로 중요 서류를 비밀히 간수해 가지고 떠났다. 안동현에 당도하여 국경을 넘는데 신의주 지나서 백마역은 누구든지 형사의 수색을 샅샅이 당하는 법이라. 형사 하나 내게로 오더니 두 말 없이 나 신은 신을 벗으리더니 안창을 뜯고 조그마한 편지 봉투를 내어 가지고 나를 압령하여 백마역에서 내려 그곳 파출소에다 데려다 놓고 순경더러 감시를 부탁했다. 네 살 난 여식만을 데리고 가 어린 것 신까지 다 떼어 보고 서울서 봉천 가는 기차에다 나를 다시 태우더니 신의주에서 내리게 한 후 신의주 경찰서로 데리고 갔다.

1923년 정화암은 김상옥 열사의 종로경찰서 폭탄투척사건이 잠잠해지자 중국으로 재차 망명을 시도했다. 가장 큰 산은 국경을 넘는 일이었다. 이때 정화암은 일본안동영사관 부영사 부인 나혜석의 도움을 받게 된다. 나혜석은 정화암 일행이 압록강을 안전히 통과할 수 있도록 도왔다. 그 덕분에 정화암은 압록강을 무사히 건너 봉천과 천진을 지나 북경에 도착할 수 있었다. 정화암은 당시의 긴박했던 과정을 회고록에 자세히 묘사했다.

그러나 국경을 통과할 일이 걱정이다. 안동현 부영사 김우영의 부인이 이자경의 친구이므로 압록강을 통과하는 것쯤 무난하다고 이자경이 장담은 했지만 그래도 불안했다. 김우영의 부인은 나혜석이라는 여자였다. 이자경과는 일본에서 같이 지냈던 절친한 사이다. 여관에서 이자경이 나혜석에게 전화를 걸었다.

나혜석이 국경 통과를 도와준 독립운동가는 정화암 한 사람만이 아니었다. 1923년 여름에 벌어진 의열단 사건은 두 사람이 독립운동가를 안팎으로 도와주었음을 보여주는 대표적인 사례다. 유자명의 수기에 이 부분이 비교적 자세히 언급돼 있다.

1923년 여름에 남정각(남영득)을 단동으로 보내서 김한과 의열단 활동에 대하여 상의한 뒤에 상해에서 폭탄과 권총을 준비해놓고 1924년

▲ 유자명의 수기

겨울에 또다시 남정각과 박기홍을 한성으로 보내서 김한과 같이 상의한 결과 황옥과 유석현 이와 함께 네 사람이 천진에로 가서 남정각은 상해에로 가고 그 밖에 세 사람은 천진 법국조계 중화려관에서 남정각을 기다리고 있었다.

남정각은 상해로 가 김약산, 한봉근과 함께 폭탄과 권총을 가지고 천신으로 향했다. 그리고 중화여관에서 기다리고 있던 세 사람과 함께 지금까지의 활동상과 앞으로의 계획에 대해 토의했다. 김마리아와 친분이 있던 나혜석은 그녀가 애국부인회 사건으로 대구감옥에 있을 때 직접 찾아갔고 그 방문기를 잡지에 게재하기도 했다.

그런데 유자명의 회고는 『고등경찰요사』와 많은 차이점을 보이고 있다. 첫째, 김우영과 황옥의 관계이다. 먼저 유자명의 회고록을 살펴보자.

황옥은 경기도 경무국의 고급 정탐으로서 독립운동가들과도 비밀한 연락을 하고 있어서 내가 한성에서 김한과 같이 활동하고 있을 때 나도 그를 만나보았다. 그런데 황옥이가 이번에 천진까지 오게 된 것은 폭탄과 권총을 안전하게 운송하기 위해서이다. 그때에 일본 정부의 단동 영사는 김우영이었는데 김우영은 동경제국대학을 졸업한 뒤에 한성에서 변호사로서 직업을 삼고 한성종로에 '법학사 김우영 변호사 사무소'라는 간판을 걸어놓았다. 그래서 황옥은 직업의 관계로 인하여 김우영을 알게 되었으며, 또는 두 사람이 다 같이 조국의 독립을 희망하게 되어 두 사람 사이의 관계는 더욱 친밀하게 된 것이다. 그래서 황옥은 남정각과 유석현과 같이 단동을 지날 때 김우영의 숙사로 찾아가서 그를 만나보고 남정각과 박기홍을 그에게 소개해 준 것이다.

그런데 이와 달리 『고등경찰요사』에는 김우영과 황옥의 관계가 전혀 언급되지 않고 있다. 오히려 김시현과 홍종우에 관련된 자료만 집중적으로 나열되고 있을 뿐이다.

둘째, 김우영·나혜석 부부와의 연관성이다. 유자명의 회고록에 따르면 나혜석은 황옥을 자신의 숙소에서 하룻밤 묵게 했다. 그리고 그이튿날 기차로 이동할 때 폭탄과 권총을 감춰 놓은 여행대에 '단동영사관'이라고 쓴 종이를 붙여주었다. 지금의 외교행랑(파우치)과 같은 형태로 검문과 검색이 필요 없음을 의미하는 종이다. 그녀의 도움으로 폭탄과 권총은 무사히 경성까지 도착했지만, 3월 14일 의열단에 참여했던 유석현과 남정각은 일본 경찰에게 체포되었다. 유석현은 자신이 옥중에 있을 때 나혜석이 찾아와 격려해 주었다고 회고했다.

소위 의열단 사건으로 나를 비롯한 많은 동지들이 옥중생활을 했을 때 그의 부인 나혜석씨는 우리를 찾아와 건강을 걱정해주고 민족을 회생시키기 위한 용기를 북돋워 주는 일을 잊지 않았다. 또 그러한 정신적 격려를 바탕으로 민족을 위한 동지들의 결의가 더욱 굳어졌음은 물론이다.

한편『고등경찰요사』에는 3월 14일 평안북도 경찰부 및 신의주경찰서가 안동경찰부와 협력하여 조선일보 안동지국장 홍종우 외 5명의 관계자를 검거하였다고 나온다. 또 파괴·방화·암살용의 폭탄과 조선혁명선언 등 '불온문서' 660부를 압수했다고 기록돼 있다. 이 자료에는 남정각이 "안동 그곳 3번지" 양한규 집에 머물렀다고 했는데, 그곳이 나혜석의 거주지가 아니었을까 조심스럽게 추측해 본다. 왜냐하면 "안동 그곳 3번지"는 안동 3번통 일대를 가리키는 것으로 일본안동영사관 소재지가 3번통 6정목이었고, 일반적으로 볼 때 나혜석의 숙소 역시 부속 건물이었을 확률이 크기 때문이다. 일제가 김우영·나혜석 부부와의 연관성을 '불편한 진실'로 여겼기 때문에『고등경찰요사』에서 그 부분을 고의로 누락한 것은 아닐까 싶다.

심지어 유자명의 수기에는 김우영·나혜석 부부가 체포되었다고도 나온다. 이 부부가 의열단 사건으로 곤란한 상황에 봉착했던 것은 사실인 것 같다. 그렇다면 일제는 김우영·나혜석 부부의 일을 왜 그대로 덮은 것일까? 첫째, 김우영의 활용 가치를 들 수 있다. 둘째, 안동을 비롯한 한인사회의 동요를 막기 위해서다. 김우영이 의열단을 도왔다는 사실이 공식적으로 알려지면 식민 통치에도 일정 부분 영향을 미칠 것으로 판단했기 때문에 일제는 이 사건에 김우영·나혜석 부부가 연루된 사실을 덮은 것으로 생각된다.

이렇듯 논란의 소지는 많지만, 김우영과 나혜석이 의열단원을 비롯한 독립운동가들의 국경 왕래를 순조롭게 해준 것은 분명한 사실이다. 국경

왕래는 단순히 여권만 있으면 할 수 있는 여행이 아닌 독립운동과 직결되는 문제였기 때문에 위험이 수반될 수밖에 없었다. 그렇기에 김우영과 나혜석의 도움과 독립운동을 연결하는 시도가 무리는 아닐 듯하다.

Tip

한국인뿐 아니라 중국인 관광객들도 단동에 오면 으레 압록강 유람선을 탄다. 단교 앞 선착장에서 표를 파는데, 두 종류의 배가 있다. 하나는 쾌속선이고, 다른 하나는 평범한 유람선이다. 보통 단체 관광객은 일반 유람선을 타고, 단촐한 여행객들은 쾌속선을 이용한다. 그런데 2013년부터 새로운 코스가 개발됐다. 위화도를 지나 서쪽으로 20km 정도 가면 크고 작은 섬들이 있다. 중국에서 이 섬들을 가까이에서 볼 수 있도록 유람선을 개통한 것이다. 취향에 맞게 골라 타 압록강 위에서 우리 역사를 돌아보면 어떨까.

안중근 의사
가 잠든
자리, 여순

안중근 의사 순국지,
여순일아감옥

안중근은 한국인이 사랑하는 독립운동가 가운데 한 사람이다. 그래서 중국 지명들 가운데 안중근과 관련된 곳은 한국인들에게도 익숙하다. 하얼빈과 여순 등이 그 예다. 1909년 10월 27일 일본 외무대신 고무라 쥬타로(小村壽太郎)는 가와카미(河上) 하얼빈 일본총영사에게 안중근 관련 재판을 여순일본관동법원에 넘기라고 지시했다. 안 의사가 재판을 받게 된 여순은 이른바 관동주에 속한다. 우리가 흔히 관동군이 지키고 있는 곳으로 알고 있는 지역이다. 여순은 러일전쟁 이후 일본의 할양지가 되었다.

안중근 의사의 재판은 이례적이었다. 원래 그는 하얼빈 일본영사관에서 1심 재판을 받은 후 복심, 즉 2심은 나가사키고등법원에서 받아야 했다. 하지만 안 의사는 여순일본관동법원에서 재판을 받았다. 일제의 입장에서는 자신들의 입김이 잘 작용할 수 있는 안정장치가 필요했던 것이다.

1909년 11월 3일 여순역에 도착한 안중근은 곧장 여순일아감옥(이하 '여순감옥')에 투옥되었다. 11월 14일부터 11월 26일까지 총 7차례의 신문이 이루어졌다. 이후 1910년 2월 7일부터 14일까지 6차례 공판이 진행되었다. 여순일본관동법원에서 진행된 안중근에 대한 공판은 사형을 미리 계획하고 벌인 거대한 사기극이었다. 마나베 주조(眞鍋什長) 재판장 단독 심리에 미조부치 다카오(溝淵孝雄) 검찰관, 통역 소노키 스에요시(園木末喜), 서기 와타나베 료이치(渡邊良一)로 재판단이 구성되었다. 국내 유지들과 안중근의 모친이 보낸 안병찬과 통역 고병

▼▶ 여순일아감옥

은 등은 일제의 당초 약속과 달리 모
두 재판장 출입이 제한되었다.

▲ 안중근

이러한 상황 속에서 안중근은 시종
당당한 논리와 주장으로 하얼빈 의거
의 이유와 의의를 개진하였다. 번번
이 제지를 받았지만, 그는 자신의 뜻
을 조금도 굽히지 않고 하얼빈 의거가
자신을 위한 것이 아니라 조국의 독립
과 동양평화를 위한 것이었음을 강력
히 주장했다.

2월 14일 제6회 공판정에서 마나베 재판장은 안중근에게 사형을
언도했다. 당시 안 의사의 재판을 지켜본 영국 신문 『더 그래픽(The
Graphic)』의 찰스 모리머 기자는 이 이상한 재판 상황을 다음과 같이
기록했다.

안중근은 달랐다. 그는 강직한 성격을 소유한 사람이었다. 그가 약점
을 보인 것은 그의 성격이 아니라 공범 우씨를 신뢰한 그의 판단력이었
다. 우씨는 가난하고 우유부단한 사람으로서 열쇠공, 수금원, 담배장수
등 안해 본 일이 없는 어떤 한 가지 직업에 오래 붙어 있지 못하는 그런
인물이었다.

이 재판의 결말은 이미 정해져 있었다. 안중근의 무죄를 증명하는 것
은 처음부터 불가능한 일이었다. 변호인 측에서 바랄 수 있는 것이 있다

여순감옥 교형장 ▶

면 그것의 형량을 줄여 보는 일뿐이었다. 모든 범죄의 변호에서 가능하듯이 이 사건의 변호에도 사용할 수 있는 논리의 하나는 형법의 기본 정신에 호소하는 것뿐이었다. 그것은 잘못된 동기론이었다. (중략)

2월 14일 월요일, 마침내 이 '죄수'들은 선고를 받기 위하여 검정색 죄수 호송마차에 실려 마지막 법정에 도착했다. 예상한 대로 안중근에게는 사형이 언도되었다. 살해당한 이토 공작도 이와 같은 극형은 결코 바라는 바가 아닐 것이라는 한 변호인의 탄원이 있었지만 묵살되었다. 우씨에게는 3년 징역에 중노동이, 조씨와 유씨에게는 각각 18개월의 징역형이 선고되었다. 형을 선고받은 피고들의 모습은 각자 특색이 있었다. 나이어린 유씨는 가련하게 울먹였다. 조씨는 좀 나았다. 우씨는 잃었던 침착성을 되찾은 듯 아무도 원망하지 않았다.

안중근은 달랐다. 기뻐하는 모습이 역력했다. 그가 재판을 받는 동안 법정에서 자신의 정당성을 주장하는 열변을 토하면서 두려워한 것이 하나 있었다면 그것은 혹시라도 이 법정이 오히려 자기를 무죄 방면하지나 않을까 하는 의심이었다. 그는 이미 순교자가 될 준비가 되어 있었다. 준비 정도가 아니고 기꺼이 아니 열렬히 자신의 귀중한 삶을 포기하고 싶어했다. 그는 마침내 영웅의 왕관을 손에 들고 늠름하게 법정을 떠났다. 일본 정부가 그처럼 공들여 완벽하게 진행하였으며, 현명하게 처리한 이 세상을 떠들썩하게 만든 일본식의 한 유명한 재판 사건은 결국 암살자 안중근과 그를 따라 범행에 가담한 잘못 인도된 공범들의 승리로 끝난 것은 아닐까.

안중근은 끝까지 동양 평화를 외치며 여순감옥에서 순국했다. 그는 순국하기 전 두 동생에게 다음과 같은 유언을 남겼다.

내가 죽은 뒤에 나의 뼈를 하얼빈 공원 곁에 묻어두었다가 우리 국권이 회복되거든 고국으로 반장해다오. 나는 천국에 가서도 또한 마땅히 우리 나라의 국권 회복을 위하여 힘쓸 것이다. 너희들은 돌아가서 동포들에게 각각 모든 나라의 책임을 지고 국민 된 의무를 다하며 마음을 같이 하고 힘을 합하여 공로를 세우고 업을 이루도록 일러라. 대한 독립의 소리가 천국에 들려오면 나는 마땅히 춤추며 만세를 부를 것이다.

중국인들은 안 의사가 순국한 장소를 '안중근 의사 취의지(就義地)'라는 현판을 붙여 '의를 이룬 곳'이라 기리고 있다. 학자마다 의견 차이는

安重根义士就义地
righteous man Anzhong-gen immolating place

◀ 안중근 의사 순국지 표지판

있지만, 분명한 것은 여순감옥에서 안 의사는 자신을 독립운동의 촉매제로 사용하는 데 기쁜 마음으로 동참했다는 것이다. 이 얼마나 거룩한 일인가.

여순감옥에 도착한 일행을 왕진인 부관장이 반갑게 맞아주었다. 그는

▲ 전시관 내부

안 의사가 여순감옥에 오랜 기간 있었음에도 의거지인 하얼빈이 더 조명 받고 있다고 애정 어린 질투가 섞인 말을 건넸다. 여순감옥은 국가문화 재로 등록돼 잘 보존되어 있는 편이었다. 최근 중국은 국제적으로 발생 하는 크고 작은 테러에 대비해 정문에 검색대를 마련했다. 검색대를 지 나 일반적인 관람 순서대로 여순감옥의 역사를 한눈에 알 수 있는 전시 관을 둘러보았다. 그리고 안중근 의사가 수감되었던 독방으로 향했다. 감방 내부를 둘러본 후, 간수 한 명이 많은 사람을 감시할 수 있는 구조 의 단에도 올라가 본다. 예전에는 설명이 모두 중국어로 되어 있었으나, 지금은 독립기념관에서 기증한 한국어 병기 설명문이 함께 한다. 여순 감옥과 독립기념관은 2011년에 MOU를 체결해 형제관으로서 우의를 다지고 있다.

▲ 윤봉길　　　　▲ 시라가와

여러 전시물 가운데 관람객의 눈길과 발길을 가장 오래 머물게 하는 곳은 교수형이 집행된 장소와 안 의사가 순국한 곳으로 알려진 곳이다. 여순감옥은 안 의사의 숭고한 인류애를 기념하기 위해 '안중근 의사 특별실'을 마련했다.

이곳에는 윤봉길 의사와 관련된 기념물도 있다. 윤 의사가 상해 홍구공원 의거 때 척살한 일본 육군 대장 시라가와(백천의칙 ; 白川義則)가 1926년 관동주를 순시하면서 새긴 기념물이 여순감옥 석물 전시실 내에 전시돼 있다. 앞면에는 '검신(劍神)' 뒷면 맨 마지막에는 '대정 15년 6월 육군대장 백천의칙(白川義則)'이라고 새겨져 있다. 역사는 참으로 아이러니하다. 시라가와가 이곳을 순시하고 6년 뒤에 윤 의사에게 척살당할 줄 누가 알았겠는가?

여순일본관동법원

2007년 당시 여순일본관동법원 건물은 아직 정비가 되지 않은 상태였다. 그래서 당시 일행은 많은 아쉬움을 안고

◀ 독립기념관 대학생 탐방단

여순을 떠날 수밖에 없었다. 여순일본관동법원은 여순시 시립병원의
부속 건물로 사용되다가 2008년 이후 새롭게 정비하여 관람객을 맞이
하고 있다. 필자는 2011년부터 독립기념관 대학생 탐방단과 함께 여
순감옥과 여순일본관동법원을 방문하고 있는데, 2013년에도 대학생
들을 이끌고 여순일본관동법원을 찾았다. 여순일본관동법원은 여순감
옥에서 차로 3분 거리에 위치해 있다.

　한국에서 나라의 역사를 눈으로 확인하기 위해 날아온 대학생들에게
조중화(趙中華) 관장은 열정적으로 안중근 의사가 재판을 받을 당시 모
습을 설명해 주었다. 여순 지역 기념관의 대부라 할 수 있는 조 관장은
여순감옥 관장직을 역임하고 퇴직 후 다시 여순일본관동법원에서 70대
중반의 나이에도 열정적으로 일하고 있었다. 안중근 의사에 대해서는
전문가나 다름없다. 그는 안 의사는 중국인들도 매우 존경하는 인물이
라면서 자신이 이곳에서 노년을 보낼 수 있는 것이 얼마나 영광인지 모

▼ 여순일본관동법원

르겠다고 재차 강조했다.

　여순일본관동법원에서 불합리한 재판을 받을 당시 안중근 의사의 곁에는 아무도 없었다. 지금은 그의 옆을 대한민국이 아닌 중국이 지키고 있는 듯한 느낌이다. 홀로 외롭게 '대한민국의 독립'을, '동양의 평화'를 외친 안 의사의 곁을 이제는 우리가 든든히 지켜줘야 할 때다.

Tip

여순의 대표적인 일본 침략 기념물로 '백옥산 탑'이 있다. 여순감옥에서 불과 10분 거리에 위치해 있다. 케이블카를 타고 5분 정도 오르면 백옥산 탑과 마주할 수 있다. 그곳에 오르면 여순만이 한눈에 들어온다. 여순만을 이곳처럼 생생하게 볼 수 있는 곳도 드물다. 203고지가 이와 비견되긴 하지만, 여순만을 제대로 보려면 백옥산 탑에 올라가야 한다.

09

무순과 심양

무순
심양

무순

무순전범관리소

　　　　일본이 러일전쟁의 승리로 얻은 무순탄광은 당시 하루 3만 톤씩 100년이나 채굴할 수 있는 어마어마한 양의 석탄이 매장되어 있었다. 하지만 1945년 8월 무조건 항복을 한 일본은 금쪽같은 무순탄광을 포기할 수밖에 없었다. 일본의 입장에서는 정말 돌려주기 싫은 전리품 중 하나였을 것이다. 지금 무순탄광은 생산량이 많이 줄어 폐광 직전에 놓여 있다. 하지만 얼마 전 이곳에서 열린 학술회의에서 기념품으로 석탄 원석을 가공한 필통을 주었던 걸로 봐서는 아직 탄광으로서의 정체성을 완전히 잃어버린 것은 아닌 듯싶다.

　　　　탄광의 도시 무순은 심양에서 동쪽으로 약 50km에 위치해 있다. 지금도 조선족 2만여 명이 거주하고 있는 무순에

◀ 무순노천탄광

▲ 부의 방

는 제2차 대전 이후 중국이 운영했던 전범관리소 가운데 하나가 있다. 청나라의 마지막 황제이자 만주국 황제였던 부의(溥儀)도 이곳에서 10여 년간 '사상 개조'를 받았다.

1956년 6월부터 7월까지 중국 최고인민법원특별법정에서는 죄질이 무거운 일본 전범 45명에 대한 재판을 열었다. 그리고 별도로 제국주의 침략에 대한 참회와 개전(改悛)의 뜻을 보인 자들 1,017명에 대한 기소를 중지했다. 1936년 만주국 시기 이곳은 '무순감옥'으로 불렸는데, 독립운동가들에게는 그야말로 지옥과도 같은 곳이었다. 그러나 1950년 6월 이곳은 모택동의 지시로 '무순전범관리소'로 개조된다. 이

▼ 무순전범관리소

후 만주국 관리들은 아이러니하게도 자신들이 통제권을 쥐었던 무순감옥에서 도리어 통제를 받는 신세로 전락했다.

일행은 '영원한 권력은 없다'는 것을 보여주는 역사의 현장, 무순전범관리소를 찾았다. 2006년 전국문물중점단위로 지정된 무순전범관리소 전시실은 제법 정리가 잘되어 있었다. 보는 것만으로도 당시 상황이 짐작될 정도였다. 그들은 평균 15년 정도 이곳에서 순화 교육을 받았다. 그들은 세월과 함께 사라졌지만, 그 흔적은 역사가 되어 남아있었다. 그들이 공연했던 공연장은 야외 오페라 무대처럼 단장돼 있었고, 부의가 생활했던 공간에는 그의 옷가지가 간단히 전시돼 있었다.

이발소를 지나 건물 밖으로 나오면 6.3m의 거대한 탑과 마주하게 된다. '무순순난열사사죄비'다. 1987년 무순전범관리소는 '무순전범관리소 진열관'으로 한 차원 격상되었다. 15년간 중국 대륙에서 희생당한 무순항일열사들에게 사죄하고, 앞으로 중국과 일본의 우의를 돈독히

▼ 무순순난열사사죄비

다지자는 취지에서 1988년 일본인들이 건립한 것이라고 한다. 그때 마침 나이가 지긋한 일본 관광객들이 비를 유심히 살피고 있었다. 무순 순난열사사죄비의 건립 취지가 현실에서 이루어지는 현장을 보니 만감이 교차했다.

무순전범관리소 전임 관리원 유가상이 부의의 흔적들을 보여주겠다며 일행을 안내했다. 그는 무순전범관리소의 살아 있는 역사다. 부의의 전범관리소 생활을 정리해 책으로 출간하기도 했다. 나라의 최고 위치에 있던 황제는 일반인보다도 낮은 전범의 신분으로 이곳에서 살았다. 그는 여기서 지내며 의술까지 배웠다고 한다. 어떻게든 살아남고자 했던 삶에 대한 그의 집념이 참 대단하다는 생각이 든다.

"이곳에서 내가 만난 한국인은 당신이 처음이에요. 여기 관리소 제2대 소장이 조선족이었는데, 그 이후로는 아무도 못 봤어요."

"그 소장이 누군데요?"

"진위엔(김원, 金源) 소장이에요."

"그런데 한국 사람들이 정말 여기에 안 오나요?"

"왜 그런지는 잘 모르겠는데, 일본 사람들은 오는데 한국 사람들은 안 와요."

그와 나눈 짧은 대화 속에서 나는 부끄러운 우리의 자화상을 본 듯했다. 이곳 제2대 관리소장은 '김원'이라는 이름의 조선족이었다. 하지만 그에 대한 기록은 조선족 인물록을 제외하고는 어떠한 것도 남아있지 않다. 파시즘이 종말을 맞이한 이곳에 책임자로 있었던 그에 대한 무관심이 곧 우리 스스로에 대한 무관심인 것 같아 가슴 한 켠이 시렸다.

무순감옥은 현재도 감옥으로 사용되고 있다. 전정혁 관장은 이곳에 투옥됐던 많은 독립운동가들의 재판 기록이 당국에 의해 공개되지 않고 있다고 목소리를 높였다. 부의보다 먼저 이곳에 있었던 유돈상의 흔적은 또 어디로 간 것인가? 자신의 잘못된 행동으로 이곳에서 생활하게 된 자들에 대한 관심보다, 잘못된 것을 바로잡기 위해 애쓰다 이곳에 갇히고만 억울한 이들에 대한 관심이 더 먼저 이루어져야 하는 것이 아닐까? 고문 끝에 순국했던 수많은 이들의 영혼이 우리의 무관심으로 인해 아직도 무순감옥에서 벗어나지 못하고 있다. 이제 그들의 영혼이 이곳을 벗어나 자유를 찾아 훨훨 날아갈 수 있도록 우리의 부끄러운 자화상을 깨야 할 때다.

심양

심양의 코리아타운, 서탑

　　　　　2015년 심양은 1,000만 도시로 성장했다. 요즘 중
국 지방 도시들은 인구 1,000만 명 돌파를 마치 경쟁처럼 추진하고
있다. 중국의 전통 도시이자 당나라 수도 장안으로 알려진 서안도 인
구 1,000만을 목표로 주변 농촌 인구 끌어들이기에 열을 올리고 있
다. 가로세로 40km인 심양은 혼강이 가로지르고, 북으로는 장춘과
하얼빈, 동으로는 무순과 매하구(梅河口), 서로는 요양, 남으로는 대
련과 단동이 이어지는 교통의 요충지다. '육지의 항구'로 불리는 심양
은 만주 지역의 가장 중요한 물자집산지이자 공업도시다. 토지, 용수,
연료, 교통 등 기업 활동에 편리한 제반 조건을 두루 갖추고 있어 이미
많은 기업이 들어서 있다.

　한국인들은 심양에 도착하면 으레 서탑으로 간다. 서탑에 즐비한 한

국 음식점에 들러 객지에서의 음식 고생을 덜고자 함이다. 하지만 비록 입에 맞지 않아도 나라, 지역마다 꼭 먹어봐야 하는 음식들이 있다. 스위스에 가면 퐁듀를, 프랑스에 가면 달팽이 요리를 먹어봐야 하듯 심양에 왔으면 심양식 음식(동북 음식)을 먹어봐야 한다. 그 지역의 음식을 먹어보는 것은 여행을 좀 더 풍미있게 만들어주는 양념이 된다. 지아르호텔은 그런 면에서 아주 적합한 곳이다. 호텔 체인점으로 영문으로는 홀리데이(Holiday), 한자로는 가일(假日, 지아르)로 '일하지 않는 가짜 날'이라는 뜻이다.

일행은 지아르호텔에서 하루를 보내고 심양의 코리아타운인 서탑으로 향했다. 우리는 먼저 호텔 왼편에 있는 중산광장으로 갔다. 왼쪽부터 중산광장을 훑어보면, 오래된 건물들이 방사형으로 자리하고 있는 것을 볼 수 있다. 첫 번째 건물은 현재 요녕빈관으로 사용되고 있는 만주국 시기 야마토 호텔이다. 이곳은 현재 중국 전국 중점문화재로 등록돼 있다. 그 옆으로 봉천경찰서(현 심양공안국), 요코하마 정금은행 심양지점(은행), 관동군사령부 건물이 만주국 시기의 모습을 유지한 채 심양인들의 일상

▲ 봉천경찰서(현 심양공안국) 전경

생활에 녹아 있다. 비록 치욕의 역사이기
는 하지만, 그 역사마저 보듬어야 '진정한
역사 바로 세우기'가 이루어지는 것이 아
닐까 하는 생각이 들었다.

▲ 봉천경찰서 현판 설명문

    중산광장을 가로지르자 '서탑 구 거리'가 나왔다. 2012년에 들어선
약 30층 규모의 화련빈관을 지나 약 2분 정도 더 가니 서탑 교회가 보
였다. 이 교회는 2011년 심양시 문화재로 등록되었다. 지금은 옆에 새
로 지은 큰 건물이 교회당 본당으로 사용되고 있다고 한다. 그 앞으로
한국 생산품을 판매하는 조선족백화점과 우리글 서점인 조선문서점 등

이 자리하고 있었다. 한국에서 늘 보던
것들도 외국에서 보면 색다른 구경거리
가 된다. 잠시 빼앗긴 시선을 빠르게 챙
겨 얼마를 더 걷고 나니 어느덧 '서탑 신
거리'에 도착했다.

    서탑은 이렇게 구 거리와 신 거리로 나
뉜다. 보통 택시에 타서 "서탑으로 가주
세요."라고 하면 기사는 신 거리인지를
되묻는다. 신 거리에는 서탑 거리 입간
판을 기점으로 양쪽에 한국식당과 북한
식당이 늘어서 있다. 제일 앞쪽에는 현

서탑 거리 간판 ▶

풍할매와 평양관이 남북 간 요리 경쟁이라도 하듯 마주보며 영업을 하고 있다. 아마 심양은 중국 내에서 북한식당이 가장 많은 지역일 것이다. 서탑을 중심으로 형성된 한인타운의 역사와 북한과의 지리적 인접성이 결합되었기 때문이다. 서탑간판을 지나 50m정도 가다 우측으로 가면 여기가 한국인가 싶을 정도로 수원 왕갈비, 복미정, 전주 콩나물집 등 한국 식당이 빽빽하게 들어서 있다.

중심 거리에서 서탑을 찾는다면 난관에 봉착할 수 있다. 서탑은 중심 거리에서 왼쪽으로 약 50m에 위치하고 있기 때문이다. 라마교 양식의 서탑 주변에는 백두산 장뇌삼과 같은 특산물을 파는 상점들이 활발히 영업을 하고 있었다. 길을 건너면 맞은편에 마른 명태, 즉 짝태와 각종 젓갈 노점상도 보였다.

전정혁 관장은 늘어선 한국식당 가운데 '고향집'으로 우리를 데려갔다. 이곳의 대표 메뉴는 철판두부와 청국장이다. 인상 좋은 주인장의 넉넉한 인심은 한국 시골집의 푸근함을 그대로 가져온 것 같았다. 전정혁 관장이 덧붙인다.

▲ 심양 서탑

"김 박사, 이 집이 독립운동가 후손의 집이야."

　독립운동가 후손 김세룡(金世龍)이 그 주인공이다. 고향집의 주인은 1990년대 조부가 한국의 독립유공자로 선정되었음에도 묵묵히 자신의 자리로 돌아왔다. 한인에서 조선족으로, 한국에서 중국으로 양국의 우의를 위해 동분서주하는 그의 삶에서 어렴풋이 미래 동반자로서 함께 걸어가는 한중 양국의 모습과 통일의 그림자를 엿볼 수 있었다.